出發前，你一定要
知道的超值票券大全

一張PASS
玩遍大東京

THEME 55

MOOK

出發前，你一定要
知道的超值票券大全
一張PASS
玩遍大東京

目錄

關東4大無敵鐵道通行證

15大區域票券實戰守則

實用附錄

地圖索引

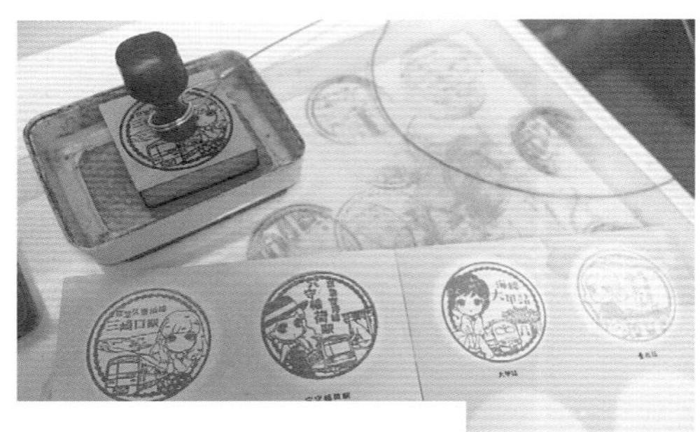

HANAKO HIGASHI
USA
WESTIN KYOTO
First day of use
Contact in JAPAN
JAPAN RAIL PASS

うなぎどまん中

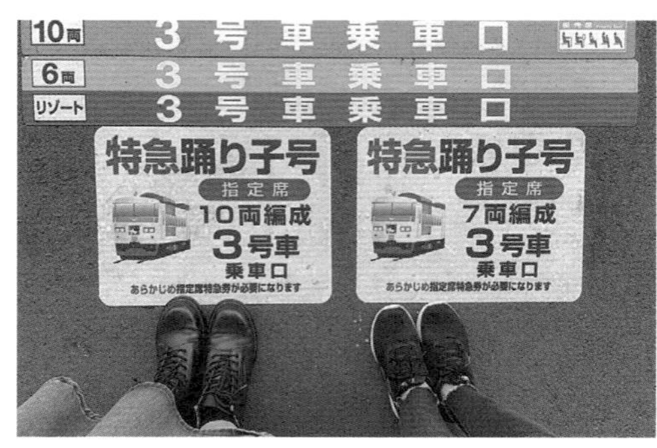
10両 3号車乗車口
6両 3号車乗車口
リゾート 3号車乗車口
特急踊り子号
指定席
10両編成
3号車
乗車口
あらかじめ指定席特急券が必要になります
特急踊り子号
指定席
7両編成
3号車
乗車口
あらかじめ指定席特急券が必要になります

フジヤマ
サイダー
FUJI

無敵鐵道通行證

JR東日本周遊券大縱走

JR周遊券，除了全日本周遊券外，又可依區域分為北海道、東日本、東海、西日本、九州等，使用範圍與乘車種類不一，但唯一共通點，就是絕對省！省！省！以東京為出入據點旅行，想要玩得遠、玩得多，那就一定得入手一張東日本周遊券，票券依使用範圍又分為多種類型，本篇介紹以東日本為中心的幾張JR周遊券，帶你精打細算，來趟最划算的鐵道旅行。

JR東日本
JR東京
廣域周遊券
P.8
JR東日本
JR東日本鐵路周
遊券(東北地區)
P.20
JR東日本
JR東日本鐵路周遊
券(長野、新潟地區)
P.22
JR東海
JR富士山•靜岡
地區周遊券 Mini
P.24

前往大東京近郊JR超值通票

日歸行程最佳幫手

JR東京廣域周遊券

JR Tokyo Wide PASS

這是一張範圍**包含東京都心，至近郊各縣**的JR超值通票。如果你在東京行程中，有計劃前往輕井澤、日光、河口湖、伊豆等地遊玩的話，這張票絕對是首選！不但可以搭乘範圍內的JR東日本新幹線，特急指定席、普通列車也是隨意坐。十分適合以東京都心做為住宿地點，每天至近郊來段**日歸行程**。

連續3天

15,000円

6-11歲兒童半價

買了這張票超有感……

◎超級節省旅費！光是往近郊的新幹線來回坐一趟就回本！

◎使用路線廣，著名觀光地全都能輕鬆到達！

◎也可以搭乘機場特快N'EX、東京單軌電車等，抵達機場就能立刻使用！

◎冬春季可至GALA湯沢享受滑雪樂趣，出示票券還有各項滑雪優惠！

購買票券

◎購買資格：持**非日本護照(含住日者)**的外國人才可購買使用。

◎購買方法：(1) JR東日本網路訂票系統(預訂&抵日取票) (2)抵日後直接購買。

◎使用期間：指定日期起連續三天。

◎日本銷售&兌換地點：抵日後銷售及兌換方式，除了透過人員服務窗口外，也可利用有「附護照讀取功能指定席售票機」購買&兌換，節省排隊時間。

(1)JR東日本旅行服務中心(**JR EAST Travel Service Center**)：成田機場1．2．3 航廈、羽田機場3航廈、池袋、澀谷、品川、新宿、東京、上野、橫濱、水戶(*)…等車站。

(2)旅客服務中心(**Tourist Information Center**)：成田第1航廈、羽田第2航廈。

(3)**JR綠色窗口**：成田機場第1．2．3航廈。

備註：(*)僅有「附護照讀取功能指定席售票機」可兌換自取&購票

若是沒有要從機場就開始使用，建議可以至東京市區後再行購買兌換。因為機場總是排隊人潮滿滿，很浪費時間呀！

如何使用票券

◎無論網路預購或抵日再購買，都須持護照正本取票或購買。

◎取得票券後先核對資料有無錯誤。

◎PASS票券目前為適用自動票閘口形態的車票卡發售，搭乘時只需將PASS票券插入自動票閘口、通過後再取回票券，無須再走有站務人員的出入口。使用期限中可自由進出車站、搭乘該票券能坐的車種，不需另外購票。

◎若是需要搭乘東日本新幹線、特急列車的指定席，可至各車站售票窗口或是可預訂指定席的售票機、官網預定，**免費取得指定券**，沒有指定券只能搭乘自由席。若想搭乘綠色車廂或是Class車廂，則必需另外購買指定席車廂券。

◎票券遺失、破損不再補發，也不能退費。

使用範圍

JR東日本線(區域間)、JR東日本新幹線(區域間)、東京單軌電車全線、伊豆急行線全線、富士急行線全線、上信電鐵全線、埼玉新都市交通(New Shuttle)(大宮～鐵道博物館)、東京臨海高速鐵道線全線。

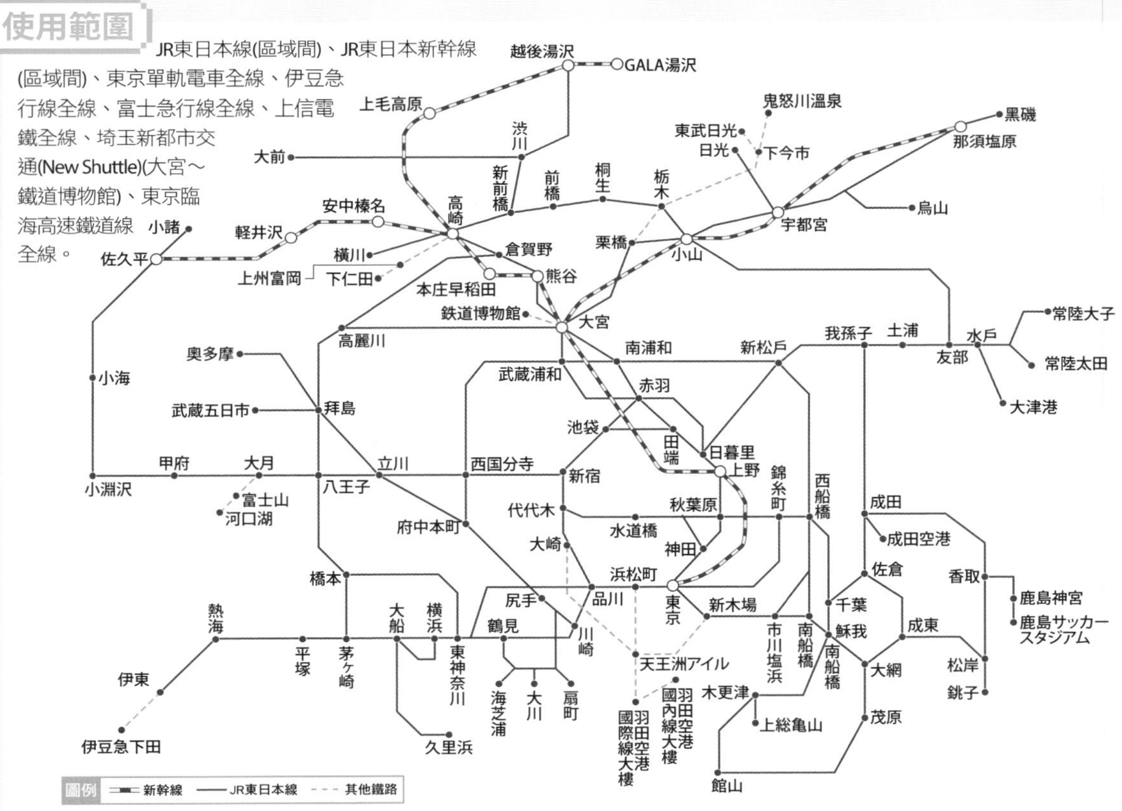

※「栗橋~下今市」間僅可乘坐與東武鐵道互通直達的特急列車(上車、下車站點其中一個，需為JR線車站時才可使用PASS)。

※可乘坐JR東日本與東武鐵道直通行駛之特快列車「日光號」、「鬼怒川號」、「SPACIA 鬼怒川號」的普通車廂指定席(注意：全車皆為指定席)。

※東武鐵道線下今市～東武日光、鬼怒川溫泉間的普通列車(含快速)亦可搭乘。

※搭乘富士急行線的「富士山特快」、「富士山View特急」1號車，以及「富士登山電車」時均須另購買指定座席券。

※GALA湯澤站(臨時)僅於冬季～春季期間對外開放。

※無法搭乘東海道新幹線及及JR巴士。

行程＃1 輕井沢

原價11640円

全程省6640円

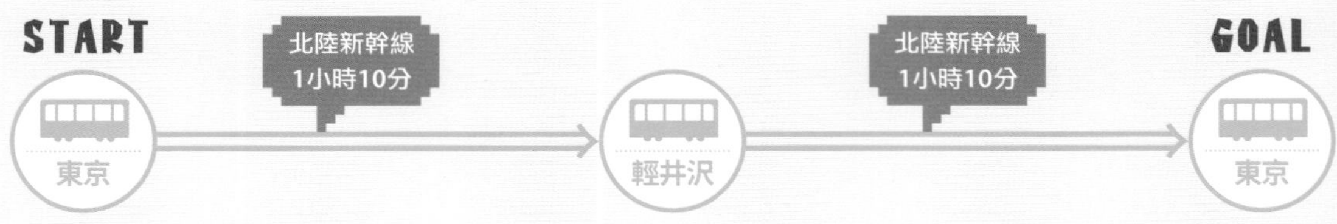

軽井沢駅
徒步約20分

雲場池

長野縣軽井沢町軽井沢

初夏的綠葉與蔚藍的天空真是讓人無法形容的美，而時序轉入秋天之際，深秋的紅葉倒映在水中彷彿就像一幅名畫。池塘周圍有約一公里長的遊步道，徒步約需20分鐘，提供遊客邊散步邊欣賞輕井澤的四季之美。

軽井沢駅轉搭循環巴士
「旧軽井沢」站下車

旧軽井沢銀座通り

長野縣北佐久郡軽井澤町　9:00~18:00，依店舖而異

從軽井沢駅轉搭循環巴士往旧軽井沢方向即可抵達旧軽井沢銀座通り，這條長約600公尺的紅磚道集結眾多美食餐廳、服飾小店、特色咖啡廳、伴手禮品店，附近景點只要步行皆可抵達，不妨計劃逗留半天的散策旅行。

軽井沢駅北口搭乘西武高原巴士至
「星野温泉トンボの湯」站下車

HARUNIRE Terrace

長野縣軽井沢町星野　10:00~18:00(依店家而異)

以「輕井澤的日常」為概念打造的木板小道，街道兩側佇立了9座木屋，並有16間風格小店進駐，在這裡你可以享用餐食、逛逛雜貨舖，或是在咖啡廳消磨一個午後，融入輕井沢的悠閒生活。

軽井沢駅
南口即達

輕井澤王子購物廣場

長野縣北佐久郡軽井澤町軽井澤　購物10:00~19:00、餐廳11:00~22:00，時間依季節而異

讓人瘋狂血拼的大型Outlet購物商場就位於車站旁，購物中心分為5大區，想全逛可是需要一些時間。下午逛街後可留在這享用晚餐，夜晚的購物廣場湖畔點上燈光，更顯浪漫氣氛。

行程 # 2　伊豆下田

原價 12600円

全程省 7600円

伊豆高原駅
高原口徒步10分

伊豆泰迪熊博物館

靜岡縣伊東市八幡野1064-2　9:30~17:00　休2、3、12月的第2個週二、6月第2個週二~三　￥1500

紅磚建築的伊豆泰迪熊博物館，在大門口、櫥窗裡、陽台上都刻意安排穿著可愛服裝的巨型泰迪熊站崗，館內收藏了近一千隻古董泰迪熊、包含迷你泰迪熊、世界各地創作的泰迪熊，還有舉辦活動的「泰迪熊工廠」等。

下田駅
徒步10分

培里之路

靜岡縣下田市

沿平滑川敷設的培里之路，石坂鋪成的散步道從了仙寺一直延伸至港口，清淺的平滑川上頭跨越了數座復古小橋，走過小橋，對岸的歐風建築內有的是咖啡店，有的販賣飾品雜貨，五花八門的個性商品讓人忘卻時間。

下田駅
徒步15分

下田港遊船 黑船Susquehanna

靜岡縣下田市外ヶ岡19　9:10~15:30約30~40分鐘1班，航程約20分　￥1400

來到下田一定要搭乘造型超有個性的黑船巡遊，每日有11~12班，氣派的帆船造型模仿當年美軍來襲的黑船，在下田港內相當引人注目，沿途可領略港町風光，遠眺寢姿山、海岸街景，並參觀培里艦隊下錨的地方。

下田駅
徒步1分

寢姿山下田纜車

靜岡縣下田市　8:45~17:00(末班：上山16:30、下山17:00)，依季節調整　纜車來回￥1250

寢姿山纜車全長540公尺、高低差156公尺，搭乘纜車登上山頂只要約3分半，可將黑船停泊的下田港、遠方雄偉的天城連山盡收眼底，頗有海闊天空的感受，天氣晴朗的話，還可飽覽大島等伊豆七島。

行程＃3 修善寺

原價9790円

全程省4790円

特急踊り子 2小時10分 → 伊豆箱根鉄道40分 → 三島 → 新幹線+JR 1小時42分 → GOAL 池袋

修善寺駅搭乘巴士至「修善寺溫泉駅」巴士站下

獨鈷之湯

獨鈷之湯為伊豆半島最古老的溫泉，據說是弘法大師空海用法器獨鈷杵敲碎河川中岩石後湧出的溫泉。桂川河畔的獨鈷之湯現在被設計為足湯，觀光客來這裡都要先泡泡腳，感受修善寺溫泉的美好。

修善寺駅搭乘巴士至「修善寺溫泉駅」巴士站下

修禪寺

靜岡縣伊豆市修善寺964

自由參拜 免費參觀，宝物館￥300

由弘法大師空海設立的這座古剎，在鎌倉初期才更名為「修禪寺」。據說鎌倉幕府的第二代將軍源賴家，曾經在此被外祖父北條時政與母親北條政子幽禁並殺害。境內的大師之湯(手洗舍)相傳是空海開鑿的泉源，龍頭流出的是貨真價實的溫泉水！

修善寺駅搭乘巴士至「修善寺溫泉駅」巴士站下

竹林小徑

靜岡縣伊豆市修善寺溫泉

在流淌於修善寺溫泉街的桂川畔，從獨鈷之湯附近的桂橋往西到瀧下橋間的散步道，長270公尺的竹林小徑營造出一種與世隔絕的氛圍，道路鋪設自然石，耳畔傳來風吹動竹葉的沙沙聲，充滿詩情畫意。

三島駅徒步7分

三嶋大社

三島市大宮町2-1-5 自由參拜 免費參觀

三島是進出伊豆半島的玄關口，同時也是以前東海道上的重要宿場町。三嶋大社主祭神為伊豆諸島的開拓神，過去人們因敬畏伊豆諸島活躍的火山而在此建立神社。在這裡除了有祈求商業繁盛，也有事業順遂的效果。

行程 # 4 富士山

原價7780円 全程省2780円

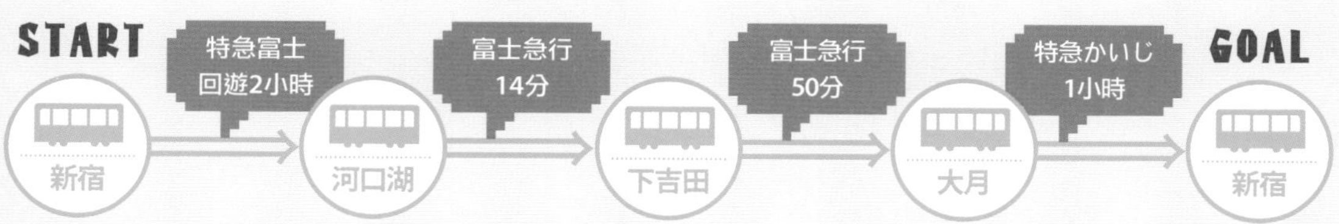

河口湖駅徒步15分

河口湖

山梨縣南都留郡富士河口湖町

河口湖湖畔腹地最廣大，觀光設施特別多，是富士山觀光最熱門的景點。來到這裡，不妨拜訪以富士山為主題的河口湖美術館、河口湖遊覽船和湖畔景色絕佳的河口湖香草館等，從不同角度感受河口湖與富士山之美。→**詳細見P.112**

富士急ハイランド駅下車即達

富士急樂園

山梨縣富士吉田市新西原5-6-1 9:00~18:00，詳細時間洽官網 免費入園，FreePass￥6000 www.fujiq.jp/

邊玩著驚險刺激的遊樂設施還可以欣賞壯麗的富士山美景，喜歡挑戰新鮮遊戲的人千萬不要錯過。除了尖叫連連的遊樂設施，富士急高原樂園內還有哈姆太郎、湯馬士小火車、麗卡娃娃等小朋友們最愛的卡通人物。

下吉田駅徒步20分

新倉山淺間公園

富士吉田市新倉3353-1 自由參拜 免費參觀

在此處拍攝的富士山，是最優美的正面姿態，所以無論背景是春櫻冬雪，富士山與忠靈塔的合照總是遊人們最樂此不疲的構圖方式。壯觀的富士見百景與當地市民的精神指標，可將吉田風光盡收眼底。

©富士山觀光協會

富士急行沿線大站

富士山主題電車

tc.fujikyu-railway.jp

除了有一般的電車可以坐，還有由水戶岡鋭治設計的特色列車「富士登山電車」、有許多逗趣富士山卡通的「フジサン特急」，還有大人小孩都愛的「湯馬士小火車」，可以上網查詢各列車時刻，若接得上不妨搭乘體驗。

行程 # 5　日光

原價8180円

全程省3180円

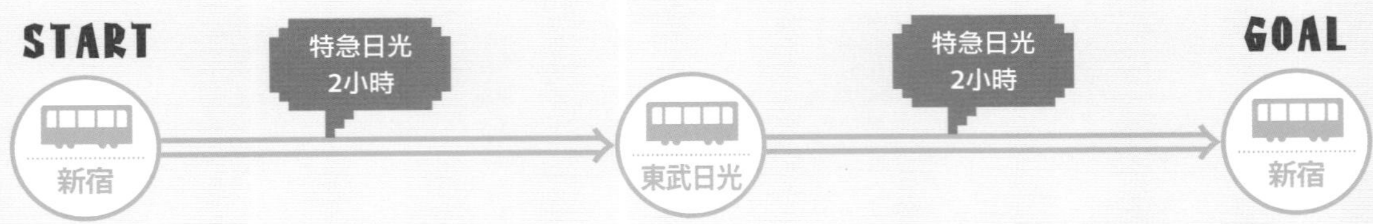

東武日光駅前搭乘東武巴士至「神橋」站下車

二社一寺

栃木縣日光市山內2301　東照宮￥1300，輪王寺￥900，二荒山神社神苑￥300

日光有名聞遐邇的二社一寺：東照宮、輪王寺以及二荒山神社，其中最壯麗奪目的莫過於桃山文化建築風格代表的東照宮，1999年12月經聯合國教科文組織登錄為世界遺產。在這裡時間可以預留多些，用走路串聯遊逛。→詳細見P.104

搭乘東武巴士至「中禪寺温泉」站下車

中禪寺湖

栃木縣日光市中宮祠　遊覽船D行程(一周航線)大人￥1400

中禪寺湖是日光連山主峰男體山火山噴發時所形成的高山堰塞湖，周長約25公里，是栃木縣內最大的湖泊，可以搭乘遊覽船欣賞湖光山色。秋天楓紅時分，碧藍的湖水襯著湛藍的晴空，是最美季節。

搭乘東武巴士至「中禅寺温泉」站下車

華嚴瀑布

栃木縣日光市中宮祠　8:00~17:00(依季節而異)　¥570

華嚴瀑布是日本三大名瀑，5月春天兩側山壁染上新綠，6月白腹毛腳燕在四周飛舞，1~2月時細小水流會凍結成冰，一年四季風情萬種，來到這裡就能夠近距離感受負離子的威力。

搭乘東武巴士至「西參道入口」站下車

日光珈琲御用邸通店

栃木縣日光市本町3-13　0288-53-2335　10:00~18:00　休週一、第1、3個週二　nikko-coffee.com

日光珈琲由珈琲焙煎士的風間教司精心打造，御用邸通店由他親手改建，坐在明亮寬闊的室內很難想像不久前這裡曾是一間殘破的閒置空屋；老木桌上的熱咖啡，輕煙間嗅出甘苦烘焙的點點滴滴。

行程#6 那須高原

原價10980円

全程省5980円

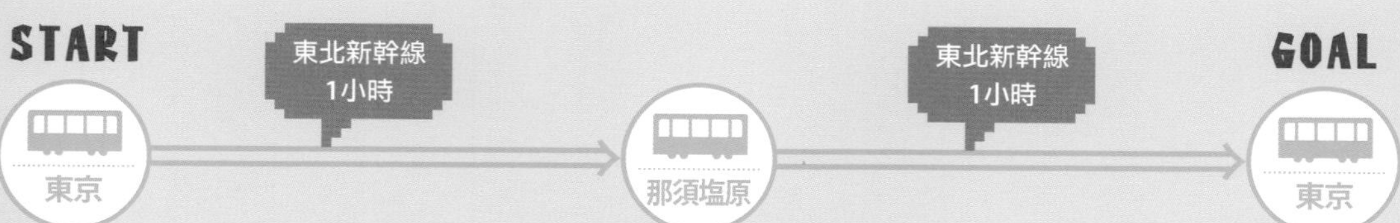

那須塩原駅搭乘免費巡迴巴士至「那須どうぶつ王国」站

那須動物王國

栃木縣那須郡那須町大島1042-1 10:00~16:30，週末假日9:00~17:00(冬季10:00~16:00) ￥2600

園區主要分成以室內區呈現各式動物館的「王國小鎮」，可以在室內近距離觀賞動物，另一區則是「動物農場」，這區必需搭乘園區接駁車才能到，宛如身在群山圍繞的戶外農莊般，還有許多表演活動，大人小孩都盡興。

東野交通巴士 在「友愛の森」站下車

友愛之森

栃木縣那須郡那須町大字高久乙593-8 9:00~17:00 休12月1日~3月中每週三

友愛之森是個可體驗各式各樣手工藝品的創造空間，體驗的項目多達十幾種，像是捏陶、撕和紙畫、編織竹籃、製作銀飾、雕刻木工等，在老師親切的指導下，每個人都可以順暢的完成美麗的作品，渡過一個輕鬆自在的午后。

那須高原周遊巴士 在「平成之森」站下車

日光国立公園 那須平成の森

栃木縣那須郡那須町高久丙3254 4~11月9:00~17:00，12~3月9:30~16:30

過去是日本皇室的避暑地，後來平成天皇年代將部份林地委託給政府規劃，於是變身為「平成之森」開放。無論是散步前往駒止瀑布、或是研究林間生態、來場雪地森林探險，在保存良好的原始林中，一年四季風情變化令人心折。

那須塩原駅搭乘 免費接駁巴士8分即達

NASU GARDEN OUTLET

栃木縣那須塩原市塩野崎184-7 10:00~19:00(營業時間依季節不同) www.nasu-gardenoutlet.com

2008年開業的那須庭園購物中心，環繞於田園之中更顯悠閒逸致。店家涵蓋COACH、GAP、BWAMS等100家以上的著名品牌，一旁另設有販售那須農產品的超市，購物中心內亦設置休憩區、餐廳等。

行程 # 7 GALA滑雪

原價 12420円

全程省7420円

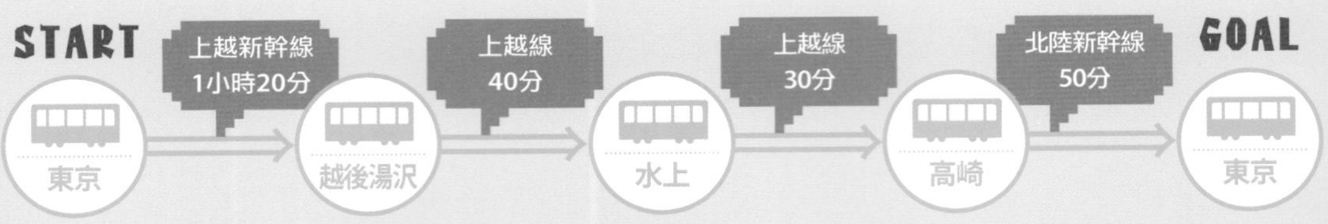

GALA
湯沢駅直達

GALA滑雪場

新潟縣南魚沼郡湯沢町大字湯沢字茅平1039-2 滑 約12月～隔年5月 8:00~17:00 纜車1日券¥3400，租借滑雪裝備另計

雪季才開放的 GALA 湯澤車站是日本唯一與滑雪場結合的新幹線車站，一出車站就是滑雪場，馬上就能夠租到全套的滑雪裝備。GALA 湯澤滑雪設備齊全完善，滑雪道數量多，專業級滑雪客與初心者都能感到滿足。

越後湯沢
駅內

CoCoLo湯沢

新潟縣南魚沼郡(湯沢駅) 10:00~18:30，依店鋪而異

CoCoLo湯沢算是車站前的物產中心，裡面的ぽんしゅ館集結了新潟縣內93個酒藏的代表銘酒共117種類，各有不同特色，而只要一個500日圓銅板，便能換得5枚代幣，一枚可以試飲一小杯酒，建議可以按照人氣指數挑選品嚐。

水上駅
即達

SL水上號

週末才運行，一天一往返。去程高崎駅9:56發車，回程水上駅15:15發車 指定席券￥840 適用PASS

離開水上町時，不妨搭上行駛於水上到高崎間的「SL 水上號」，以煤礦作為動力的蒸汽火車讓時光回到過去，中途停靠較久時，旅客可以戴上列車長帽子與火車合影，或是近距離觀看蒸汽火車頭的設施，鐵道迷們不可錯過。

高崎駅
即達

E'site高崎

群馬縣高崎市八島町222 9:00~21:00，週日及假日9:00~20:00

車站東口的 E'site 商場集合了群馬縣各地的特產與伴手禮，如達摩、溫泉饅頭、木偶…還有群馬縣吉祥物群馬將的周邊商品專賣店，讓離開群馬縣最後一站的我們滿載而歸。

行程＃8 成田銚子

全程省2460円

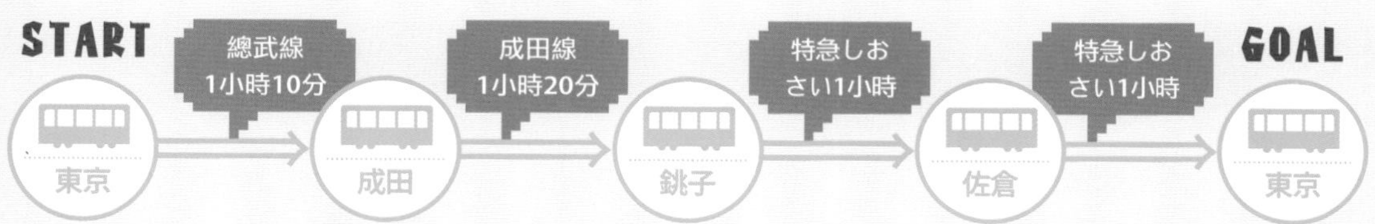

成田駅東口
徒步約15分

成田山新勝寺

千葉縣成田市成田1 自由參拜 www.naritasan.or.jp

成田山新勝寺從940年開山至今已經有超過千年的悠久歷史，境內的大本堂建於昭和43年(1986年)，是舉行御護摩祈願的場所，寺廟大門有十二生肖的動物雕刻，找到自己的生肖從下走過，將會帶來平安與幸運。

成田山表參道

成田山新勝寺前參道

參拜完成田山新勝寺後，來到寺院門前這條帶有古時風味的參道，齊聚眾多美食名店、伴手禮、街邊小吃等商家，像是最有名的鰻魚料理店駿河屋就在這。在結束寺廟巡禮後再來到參道補充體力，開始下一站的旅行。

銚子電鐵

0479-22-0316 www.choshi-dentetsu.jp/

1922年設立的地方鐵道─銚子電鐵，位在關東平原的最東側，由於人口過疏化，過去曾因營運資金不足而一度面臨廢線危機的銚子電鐵，因自製溼仙貝(ぬれ煎餅)營救一度遭遇危機的電鐵，而造就地方的傳奇故事。→詳細見P.86

佐倉駅
徒步約15分鐘

佐倉武家屋敷

佐倉市宮小路町57(河原家住宅入口售票處) 9:00~17:00(最後入館16:30) 休週一，12/28~1/4 ￥250

佐倉城下町的鏑木小路裡有五棟連綿一起的武士屋敷，其中三棟開放參觀的屋敷，內部展示當時的生活物件外，透過三棟不同形制的屋敷，也能理解不同武士身分層級下所住屋敷大小、建築細節都有嚴格規範。

原價8390円

行程#9 大宮 宇都宮

全程省3390円

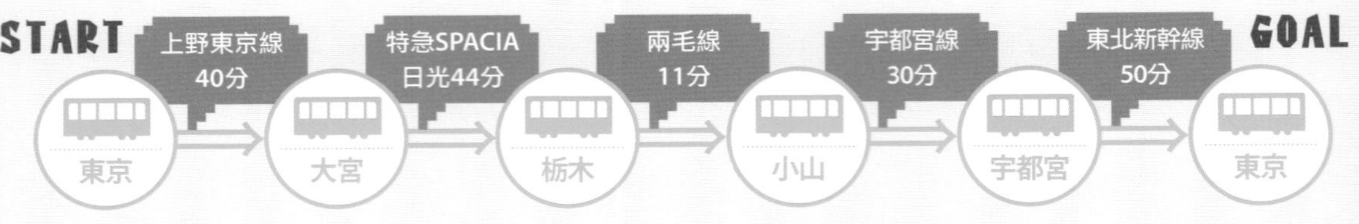

大宮駅搭乘接駁車於「鉄道博物館(大成)駅」站下

大宮鐵道博物館

埼玉縣さいたま市大宮區大成町3-47 10:00~17:00（最後入場16:30）休週二 ¥1230

JR東日本為了紀念成立20週年，將原本位於神田的交通博物館移轉到東京近郊的大宮市開設鐵道博物館，於2007年10月14日開幕，入口大廳是三層樓的挑高空間，可以看到許多昔日列車的實體展示，也在室內重現了月台情景。

栃木駅徒步10分可達蔵の街遊覧船處

栃木市蔵の街

栃木市蔵の街大通り、巴波川周邊、嘉右衛門町周邊 遊船3~11月10:00~16:00，12~2月10:00~15:00 遊船¥1000

來到栃木市，漫步街區除可見仍存留大量的藏之外，當時的運河巴波川則變身成觀光用途，可以搭上船，由船家哼唱自古流傳的船歌。搭完船建議徒步散步蔵の街大通り，多達35處值得欣賞的老建築，都在徒步距離內。

宇都宮駅西口搭乘巴士在「資料館入口」下徒步5分

大谷資料館

栃木縣宇都宮市大谷町909 4~11月9:00~17:00，12~3月9:30~16:30(閉館30分鐘前入館) 休週二(遇假日延至隔日，4~11月無休)，12/26~1/1 ¥800

宇都宮市郊外西北邊的大谷町，江戶時期開始大谷石的開採，大谷資料館便是一處提供大谷採石歷史與資料參訪的地方，直接開放整個廣大的地下礦坑遺跡供參觀，可說是這裡最令人驚艷的魅力。

宇都宮駅徒步8分

来らっせ

栃木縣宇都宮市馬場通り2-3-12(B1) 11:00~20:30，週末假日11:00~21:00

宇都宮餃子種類眾多，每種都想吃怎麼辦？来らっせ裡除5家常駐店，另外一區則由所屬33家成員每天由7個店家送來生餃子、一週7天，天天店家組合不同，其他像是搭配的湯品、飲料等都有，滿足什麼都想吃的胃。

行程＃10 常陸海濱公園

原價7970円

全程省2970円

勝田駅搭乘巴士至「国営ひたち海浜公園」站下

常陸海濱公園

茨城縣常陸市馬渡字大沼605-4 9:30~17:00，7月底~8月底9:30~18:00， 11月初~2月底9:30~16:30 休週一 入園￥450

以粉蝶花與掃帚草聞名的公園總面積達350公頃，但外國光觀客總想一次玩好玩滿，建議最好先規畫好重點路線，並善用園區內的濱海小火車(遊園車)、以及單車租借。若想最快總覽園區，可利用濱海小火車繞行一圈約35分鐘。

水戸駅北口搭乘路線巴士至「偕樂園」站下

偕樂園

茨城縣水戸市常磐町1-3-3 外園24小時開放，本園6:00~19:00、好文庭9:00~17:00 本園￥300、好文庭￥200

蓋建這座偕樂園的德川齊昭倣效中國孟子名言「古人以民偕樂為樂」，故名偕樂園，是一座貴族蓋建後卻免費開放與民同樂的庭園。這樣的精神也一直延續，是日本三大名園中唯一可以免費入園的庭園。不過疫情後，開始收費制度，但費用相當親民，早上9點前入園一樣免費。

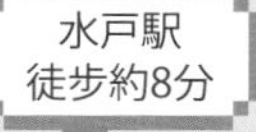

弘道館

茨城縣水戸市三の丸1-6-29 9:00~17:00 ￥400

以「允文允武」做為教育方針，學生除了學習武術、儒學之外，音樂、天文學、醫學也有專門老師來授課，有如今日的大學。歷經戰亂後，大部分的藩校建築已經被燒毀，如今僅剩正門、正廳至善堂等建築開放參觀。

水戸駅北口搭乘路線巴士至「泉町1丁目」站下

水戸藝術館

茨城縣水戸市五軒町1-6-8 9:30~18:00 休週一 現代美術Gallery常設展￥900

水戸藝術館藉由音樂廳、劇場、藝廊等多棟建築圍塑出一個綠意廣場與藝術館的敷地；還會不定期舉辦各種免費開放的藝文活動，可容納數千人共同參與。高100公尺閃耀著金屬光芒的不規則狀藝術塔，是藝術館的象徵。

JR東日本鐵路周遊券(東北地區)

JR EAST PASS (Tohoku area)

周遊東北一券包辦

直飛仙台從東北玩回東京

從成田機場或羽田機場到東京圈，或是直飛仙台從東北玩回東京，這張票除了可自由搭乘東京都區內的所有線路外，亦可搭乘**前往青森、仙台、秋田的新幹線和特急列車以及東北地區JR全線**，也包含往伊豆、日光、鬼怒川等地區路線。

連續5天

30000円

6-11歲兒童半價

購買票券

◎購買資格：持**非日本護照(含住日者)**的外國人才可購買使用。

◎購買方法：(1)台灣代理店購買(抵日取票) (2) JR東日本網路訂票系統(預訂&抵日取票) (3)抵日後直接購買。

◎銷售&兌換地點：抵日後銷售及兑換方式，除了透過人員服務窗口外，也可利用有「附護照讀取功能指定席售票機」購買&兌換，節省排隊時間。

(1)JR東日本旅行服務中心(**JR EAST Travel Service Center**)：成田機場1．2．3航廈、羽田機場3航廈；以及秋田、青森、盛岡、仙台、山形、福島、水戶(*)、橫濱、池袋、澀谷、品川、新宿、東京、上野…等車站點。

(2)旅客服務中心(**Tourist Information Center**)：成田第1航廈、羽田第2航廈。

(3)**JR綠色窗口**：成田機場第1．2．3航廈。

備註：(*)僅有「附護照讀取功能指定席售票機」可兌換自取&購票

如何使用票券

◎無論台灣、網路預購或抵日再購買，都須持護照正本取票或購買。

◎取得票券後先核對資料有無錯誤。

◎PASS票券目前為適用自動票閘口形態的車票卡發售，搭乘時只需將PASS票券插入自動票閘口、通過後再取回票券，無須再走有站務人員的出入口。使用期限中可自由進出車站、搭乘該票券能坐的車種，不需另外購票。

◎若是需要搭乘東日本新幹線、特急列車的指定席，可至各車站售票窗口或是可預訂指定席的售票機、官網預定，**免費取得指定券**，沒有指定券只能搭乘自由席。若想搭乘綠色車廂或是Class車廂，則必需另外購買指定席車廂券。

◎票券遺失、破損不再補發，也不能退費。

使用範圍

JR東日本新幹線(區域間)
JR東日本線(區域間)(含BRT*)
東京單軌電車全線
伊豆急行線全線
青之森鐵路全線
IGR岩手銀河鐵路全線
仙台機場鐵道線全線
區域內的JR巴士（高速巴士、部分公車路線除外）
備註：(*)BRT為公車捷運系統

※「栗橋~下今市」間僅可乘坐與東武鐵道互通直達的特急列車(上車、下車站點其中一個，需為JR線車站時才可使用PASS)。
※可乘坐JR東日本與東武鐵道直通行駛之特快列車「日光號」、「鬼怒川號」、「SPACIA 鬼怒川號」的普通車廂指定席(注意：全車皆為指定席)。
※東武鐵道線下今市～東武日光、鬼怒川溫泉間的普通列車(含快速)亦可搭乘。
※GALA湯澤站(臨時)僅於冬季～春季期間對外開放。
※無法搭乘東海道新幹線。

建議行程

DAY 1

羽田機場
↓ 東京モノレール至浜松町轉搭JR山手線
東京
↓ 東北新幹線
郡山
↓ 東北新幹線
福島

DAY 2

福島
↓ 東北新幹線
仙台
↓ 東北新幹線
盛岡

DAY 3

盛岡
↓ IGR岩手銀河鐵路
奥中山高原
↓ IGR岩手銀河鐵路
金田一溫泉
↓ IGR岩手銀河鐵路
二戶
↓ 東北新幹線至新青森轉搭JR奥羽本線
青森

DAY 4

青森
↓ 特急つがる
秋田

DAY 5

秋田
↓ 秋田新幹線
東京
↓ JR山手線至浜松町轉東京モノレール
羽田機場

JR東日本鐵路周遊券

JR EAST PASS (Nagano, Niigata area)

(長野&新潟地區)

漫遊長野&新潟新幹線之旅

直飛新潟玩回東京

從成田機場或羽田機場到東京圈，可自由搭乘東京都區內的所有線路外，亦可搭乘**前往長野、新潟的新幹線**和特急列車與JR東日本全線，也包含往伊豆、日光、鬼怒川等地區路線。現在亦有遠東直航至新潟，從新潟玩回東京也很適合。

連續5天
27000円
6-11歲兒童半價

購買票券

◎購買資格：**持非日本護照(含住日者)**的外國人才可購買使用。

◎購買方法：(1)台灣代理店購買(抵日取票) (2) JR東日本網路訂票系統(預訂&抵日取票) (3)抵日後直接購買。

◎銷售&兌換地點：抵日後銷售及兌換方式，除了透過人員服務窗口外，也可利用有「附護照讀取功能指定席售票機」購買&兌換，節省排隊時間。

(1)JR東日本旅行服務中心**(JR EAST Travel Service Center)**：成田機場1．2．3航廈、羽田機場3航廈；以及長野、松本、新瀉、水戶(*)、橫濱、池袋、澀谷、品川、新宿、東京、上野…等車站點。

(2)旅客服務中心**(Tourist Information Center)**：成田第1航廈、羽田第2航廈。

(3)**JR綠色窗口**：成田機場第1．2．3航廈。

備註：(*)僅有「附護照讀取功能指定席售票機」可兌換自取&購票

如何使用票券

◎無論台灣、網路預購或抵日再購買，都須持護照正本取票或購買。

◎取得票券後先核對資料有無錯誤。

◎PASS票券目前為適用自動票閘口形態的車票卡發售，搭乘時只需將PASS票券插入自動票閘口、通過後再取回票券，無須再走有站務人員的出入口。使用期限中可自由進出車站、搭乘該票券能坐的車種，不需另外購票。

◎若是需要搭乘東日本新幹線、特急列車的指定席，可至各車站售票窗口或是可預訂指定席的售票機、官網預定，**免費取得指定券**，沒有指定券只能搭乘自由席。若想搭乘綠色車廂或是Class車廂，則必需另外購買指定席車廂券。

◎票券遺失、破損不再補發，也不能退費。

使用範圍

JR東日本線(區域間)
JR東日本新幹線(區域間)
伊豆急行線全線
北越急行線全線
越後TOKImeki鐵道(直江津～新井區間)
東京單軌電車全線
區域內的JR巴士(高速巴士、部分公車路線除外)

酒田
余目
鶴岡
越後金丸
新潟
豊実
ガーラ湯沢
越後湯沢
大白川
那須塩原
常陸大子
直江津
上越妙高
黒磯
鬼怒川温泉
東武日光
日光
南小谷
大津港
大前
長野
宇都宮
水戸
松本
佐久平
軽井沢
高崎
上野
大宮
小淵沢
甲府
大月
成田空港
東京
熱海
伊東
横浜
羽田空港
伊豆急下田
圖例 新幹線 鐵道路線

※「栗橋~下今市」間僅可乘坐與東武鐵道互通直達的特急列車(上車、下車站點其中一個，需為JR線車站時才可使用PASS)。

※可乘坐JR東日本與東武鐵道直通行駛之特快列車「日光號」、「鬼怒川號」、「SPACIA 鬼怒川號」的普通車廂指定席(注意：全車皆為指定席)。

※東武鐵道線下今市～東武日光、鬼怒川溫泉間的普通列車(含快速)亦可搭乘。

※大糸線南小谷～糸魚川、北陸新幹線糸魚川～上越妙高區間不包含在周遊券區域內。

※GALA湯澤站(臨時)僅於冬季～春季期間對外開放。

※無法搭乘東海道新幹線。

建議行程

DAY 1

羽田機場
↓ 東京モノレール至浜松町轉搭JR山手線
東京
↓ 東北新幹線
那須塩原

DAY 2

那須塩原
↓ 東北新幹線至大宮站，轉北陸新幹線
輕井澤
↓ 北陸新幹線
長野

DAY 3

長野
↓ 北陸新幹線至上越妙高，轉搭特急しらゆき
新潟

DAY 4

新潟
↓ 上越新幹線
越後湯澤
↓ 上越新幹線
上毛高原

DAY 5

上毛高原
↓ 上越新幹線
東京
↓ JR山手線至浜松町轉東京モノレール
羽田機場

富士山靜岡周遊券Mini
Mt. Fuji-Shizuoka Area Tourist Pass Mini

富士山全制霸

一網打盡富士山周邊知名景點

利用此券可不限次數自由搭乘區域間的JR在來線，暢遊以世界遺產富士山周邊的各個景點，最遠還可到浜名湖一帶，亦可**搭乘渡輪**從駿河灣欣賞不同視野的富士山山景，另還有多種**巴士路線**供選擇，一網打盡富士山周邊知名景點。

連續3天
6500円
6-11歲兒童半價

購買票券

◎購買資格：持**觀光簽證**短期入境日本的外國旅客才可購買使用。

◎購買方法：可以在台灣代理店內購買，或網路預訂，至日本後再持兑換憑證、護照換取車票。也可抵日後直接購買。

◎兑換地點：

(1)東京(八重洲中央口、北口)、品川(大廳1F)、新橫濱、名古屋(中央大廳1F)、京都(八条口ASTY ROAD1F)、新大阪(中央大廳3F)、熱海、三島(南口)、禦殿場、新富士、靜岡、掛川(南口)、濱松、豐橋(東口) 各站的**JR東海售票處**。

(2)東京、新橫濱、靜岡、濱松、名古屋、京都、新大阪各站的**JR東TOURS**。

(3)名古屋(中央大廳1F)的**JR諮詢所**。

(4)中部國際空港**Central Japan Travel Center**。

注意：護照內需蓋有「短期滯在」入境審查章戳或貼紙，如採自動通關查驗入境，通關時請向機場工作人員提出申請加蓋入境章或貼紙

如何使用票券

◎取得票券後先核資料有無錯誤。

◎開始使用本通票時，請從自動驗票閘門或有職員執勤的通道通過，使用期限中只要出示該票券即可自由進出車站、搭乘該票券能坐的車種，不需另外購票。

◎只能搭乘**自由席座**，若是需要搭乘特急列車的指定席，可至各車站的JR東海售票處、JR東海TOURS分店和JR西日本綠色窗口出示票券並告知車次，另**付費購買**指定券，沒有指定券只能搭乘自由席。若是想搭乘綠色車廂，則必需另外購買綠色車廂券。

使用範圍

鐵道：JR東海道本線(熱海～豐橋)、JR御殿場線(沼津～松田)、JR身延線(富士～下部溫泉)、伊豆箱根鐵道(三島～修善寺)。
巴士：富士急行巴士、東海巴士、伊豆箱根巴士、靜鐵巴士、遠鐵巴士等指定區間。
船：Mt.Fuji Shimizu Port Cruise：清水港～土肥港之間、清水港港灣遊船（日出～日出之間＊不可在三保乘船下船)，不可搭乘水上巴士。

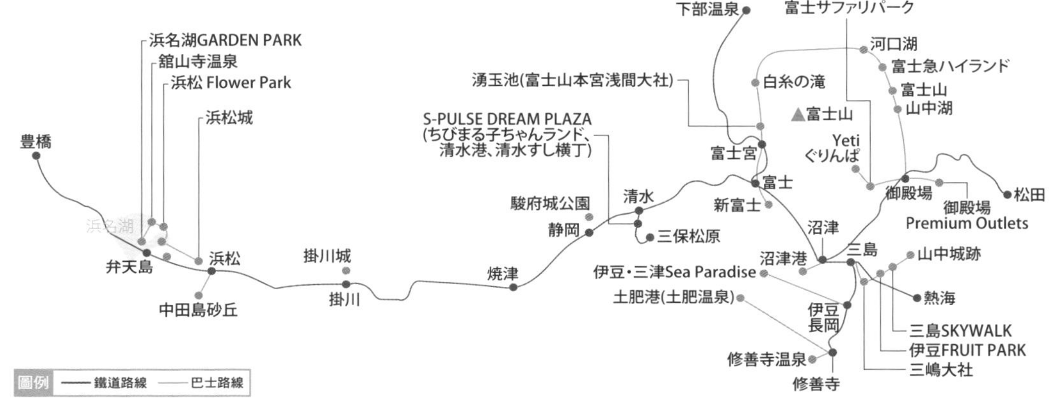

※不能搭乘指定席列車、東海道新幹線、寢台列車。
※如欲搭乘Home Liner，需另行支付車費。

建議行程

DAY 1

- 御殿場
  ↓ 富士急行巴士御殿場・河口湖線
- 忍野八海
  ↓ 富士急行巴士御殿場・河口湖線
- 河口湖
  ↓ 富士急行巴士御殿場・河口湖線
- 清玉池
  ↓ 富士急行巴士御殿場・河口湖線
- 富士

DAY 2

- 富士
  ↓ JR東海道本線
- 掛川
  ↓ JR東海道本線
- 浜松
  ↓ JR東海道本線
- 清水

DAY 3

- 清水
  ↓ 駿河湾フェリー
- 土肥港
  ↓ 東海巴士西海岸
- 修善寺
  ↓ 伊豆箱根鐵道駿豆線
- 三島
  ↓ JR東海道本線
- 熱海

小範圍一日坐到飽

區域票券實戰守則

除了外國人專用的JR PASS之外，在私鐵路線百家爭鳴的大東京區域裡，各家私鐵與JR也有推出限定區域的一日券、二日券，有的限定外國觀光客，有的則是連日本國民也能購買，種類豐富、使用規則百百款，但因為使用的範圍較小，且價格相對便宜，是已經鎖定旅遊區域的人，在出發前不可不先確認的好康票券！鎖定區域，就跟著行程一起精打細算吧～

東武
川越特選優惠聯票
P.98
東武
日光廣域周遊券
P.104
富士急
富士山・富士五湖通票
P.112
JR東日本
群馬周遊券
P.122
JR東日本
常磐路周遊券
P.130

都電荒川線 + 沿線折扣

都電荒川線一日券

都電一日乘車券

只限當天購入使用

一日內自由搭乘都電荒川線全線

400円
兒童200円

曾是東京主要交通工具的路面電車，隨著汽車的普及和交通型態的改變，走下歷史的舞台。現在都電荒川線是最受觀光客歡迎的一條路線，跨行早稻田到三之輪之間，想要體驗東京下町時光，就買張一日乘車券，安排一整天在這裡來趟電車旅行吧！

愛稱「東京櫻花列車」

2017年，東京都交通局為了幫都電荒川線取暱稱，設置網站徵求意見並投票，最後由「東京さくらトラム(Tokyo Sakura Tram)」東京櫻花列車勝出，正是因為沿線有許多賞櫻景點，所以櫻花的印象深植人心。但另外有一票民眾認為都電荒川線沿路栽種的薔薇才是精神象徵。不論如何，沿線花香襯著下町情緒，是旅人眼中最美的風景。

這樣的你適合用這張票

◎預計花半天以上好好玩都電荒川線
◎微鐵道迷，喜歡拍攝鐵道風景
◎喜歡下町懷舊風情
◎不善於規劃轉車行程，想要一條線玩到底

1天內隨意搭乘都電荒川線

能搭乘交通工具

東京Metro地下鐵	都營地下鐵
X	X
都電荒川線	**JR線**
○	X

使用範圍

能在一日內自由搭乘都電荒川線全線

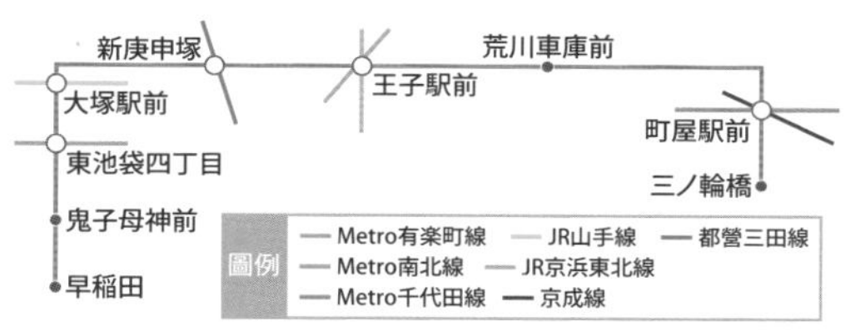

如何乘坐路面電車

◎排隊從前門上車
◎付款
◎按鈴，後門下車

有效期間

1日

*分為前賣券與當日券，前賣券在售出後的6個月內有效，當日券則限購買當日使用，逾期作廢。

購買地點

都電荒川線車內、荒川電車營業所、都電定期券發賣所、三ノ輪橋おもいで館

*車內無販售前賣券

退票

前賣券在有效期限內、未使用的情況下可退票，需收100円手續費。當日券售出後不得退票。

特典

沿線各大景點入場有折扣：東京都美術館、上野の森美術館、六本木Hills (森美術館、展望台) 、上野動物園、舊岩崎邸庭園、人力車、水上巴士、各式體驗課程etc.

荒川遊園免費入場

ちかとく優惠：使用當日，在東京Metro與都營地下鐵各站，約400處設施皆有入場折扣或是小禮物。

詳洽chikatoku.enjoytokyo.jp

其它

除了購買紙面票券之外，也可以持PASMO、Suica，在乘坐當日直接在車內購買一日券。車掌會從IC卡中扣款，並將一日乘車券存在卡片中，上車只要嗶一嗶卡片就可以了。

*無法與其它IC一日乘車券共存，若當日有買別的IC一日乘車券，先買的會被消除。

*使用IC卡購買一日乘車券時，無法享用特典折扣。

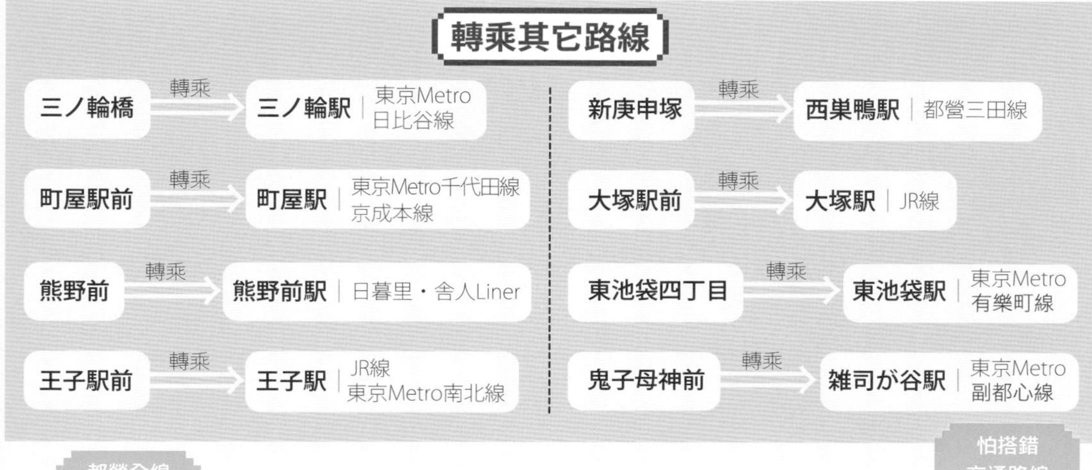

也可以用其它票券

都營全線都能搭

都營1日乘車券／都営まるごときっぷ

1日內無限次搭乘都營地下鐵、都營巴士、都電荒川線、日暮里・舍人Liner。大人700円、兒童350円。→詳見P.139

怕搭錯交通路線

東京Free Ticket／東京フリーきっぷ

包含都營地下鐵、東京Metro地下鐵、都營巴士、都電荒川線、日暮里・舍人Liner，與東京都心23區之間的JR普通、快速列車自由座，都可在1日內無限次搭乘。大人1600円、兒童800円。→詳見P.138

COURSE #1

START

都電1分

東池袋四丁目站

搭乘都電荒川線，出發！

跳上叮噹作響的路面電車 進入東京下町老時光

都電荒川線一日行程

從早稻田的學院風景開始，荒川線一路經過有著江戶川風景的面影橋、古神社和美麗靈園圍繞的鬼子母神社前、歐巴桑的原宿庚申塚、風景優美的飛鳥山公園、帶著懷舊童年氣氛的荒川遊園地，經過的路段，大多是和東京刻板印象不同、安靜而帶著緩慢生活氣氛的地區。

お得チケット 1 都電荒川線一日券

坐這麼多趟！

原本1360円

⇓ 購票只要

400円

使用這張票全程省 960円

START

08:00	東池袋四丁目站
↓	都電01分
08:10	都電雜司ヶ谷站
↓	都電07分
09:30	早稻田站
↓	都電37分
12:30	荒川遊園地前站
↓	都電20分
14:00	三ノ輪橋站
↓	都電29分
14:30	飛鳥山站
↓	都電06分
15:30	庚申塚站
↓	都電07分
18:00	大塚駅前站
↓	都電05分
20:00	東池袋四丁目站

GOAL

Check List

沿路必看！

- ☑懷舊路面電車
- ☑巢鴨商店街
- ☑晴空塔鐵道風景
- ☑鬼子母神前手作市集
- ☑早稻田大學朝聖

Point

讓旅行更順暢的小方法

◎單趟 170円，搭三次就回本。

◎出示一日券，還有許多知名景點可以享優惠價。

◎想拍到電車與晴空塔的經典畫面，來到荒川二丁目站下車，往平交道方向走去即可。

◎都電回憶廣場只在週末假日開放，平日就別去了。

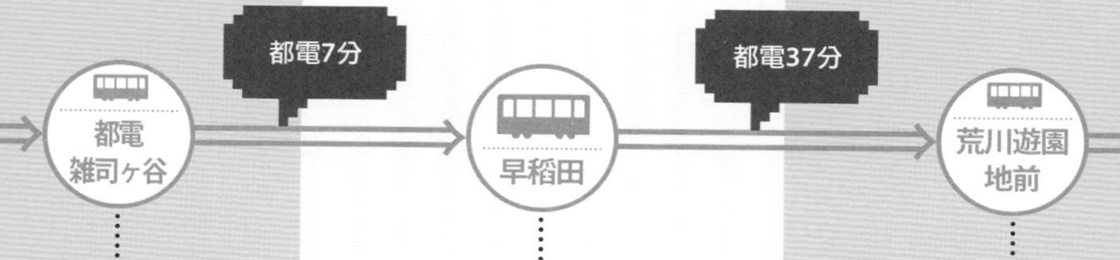

都電雑司ヶ谷站
步行5分

鬼子母神社

P.140,A4　豐島區雑司ヶ谷3-15-20　自由參觀　www.kishimojin.jp

長長的神社參道有著巨大檜木夾道，令人有著穿越時空的錯覺；雜司之谷的這處鬼子母神社，歷史可追溯到16世紀間，現在的神殿樣式，還是依據1664年時的樣式復原修復而成。殿中的鬼子母神面容慈祥，保祐安產與養育，數百年間香火鼎盛。

也可以去這裡

雑司ヶ谷手創り市

P.140,A4　鬼子母神社與大鳥神社間　10:00~16:00，每月第三個週日，詳細舉辦日期請洽官網　tezukuriichi.com/

雑司ヶ谷手創り市是每個月定期於鬼子母神社與大鳥神社舉辦的手創市集。和非日常的市集不同，是一個在想展現的瞬間、有作品就可以輕鬆參加的日常生活市集。兩個會場合併約有200個攤位、300名手工藝家參與，基本類型就是手作品，包含了陶瓷、木工、玻璃、金工、皮革、飾品、布製小物等。

早稲田站
步行約5分

早稲田大學

P.140,A4　新宿區戸塚町1-104　8:00~22:30，週日例假日8:00~18:00　www.waseda.jp

建於1920年的早大，前身是1882年設立的東京專門學校，從最早的政經、法律、理學、英語發展至今已是擁有10個科系和多個校區的大型學院，其中早稲田校區是最早規模也最大校區。校園內的歷史建築如大隈講堂和坪內博士記念演劇博物館、「村上春樹圖書館」等，充滿人文氣質的優雅氣度。

也可以去這裡

早稲田大学 国際文学館（村上春樹ライブラリー）

新宿區西早稲田1-6-1　10:00~17:00(咖啡館週末營時10:00~15:00)　休週三　www.waseda.jp/culture/wihl

2021年十月開幕的「村上春樹圖書館」，是出身早稲田大學的村上春樹，將私人收藏的書籍和黑膠唱片、作品原稿、手稿及海外翻譯版本捐贈予母校，建築則由隈研吾操刀，將舊校舍打造成一座讓人遨遊在文學的異想世界。

荒川遊園地前站
步行5分

荒川遊園

P.140,B3　荒川區西尾久6-35-11　9:00~17:00，夜間開園~20:00　休週二，年末年始　$入場￥800、中學生￥400、小學生￥200、3歲以下免費；遊樂設施券1張￥100　www.city.arakawa.tokyo.jp/yuuen/

土生土長的東京人滿滿兒時回憶的あらかわ遊園，創業於大正11年(1922)，小巧的摩天輪一直是這裡的象徵，園內面積不太，遊樂設施也不刺激，也設計有與可愛小動物親密接觸的區域等。2022年園區重整後，服務設施上也更強化與舒適，但特有的懷舊氣氛仍是最大魅力。

也可以去這裡

都電おもいで広場

P.140,A3　荒川區南千住一丁目　週末10:00~16:00　$免費

都電懷舊廣場（都電おもいで広場）展示著已退役的舊型車輛5500形及舊7500形，從「荒川車庫前」站下車即達。除了車輛外，也展示著昭和時代生活的模型，只有週末、例假日開放，入場免費。

都電20分

三ノ輪橋站
即達

三ノ輪橋

P.140,B3 荒川區南千住一丁目

開業於大正4年(1913)的三ノ輪橋駅，是關東地區的車站百選之一。由於是首站，再加上車站本身的歷史風情，這裡可說是各路攝影好手拍攝都電荒川線電車的著名景點之一。

都電29分

飛鳥山

飛鳥山站
步行2分

飛鳥山公園

P.140,A3 北區王子1-1-3 自由參觀

要提到東京都內的賞櫻名所，飛鳥山公園可是排行榜上的前幾名。約在300年前，八代將軍德川吉宗為了建造一個賞櫻名所，於是在此植上大量櫻樹，也開啟了人們在櫻花樹下賞花、設宴的風氣。平常在這裡可以見到許多居民散步、休閒，到了春季賞櫻人潮更是不斷，十分熱鬧。

都電6分

庚申塚站
步行約3分

巣鴨 地藏通商店街

P.140,A3 豐島區巣鴨3丁目、4丁目 sugamo.or.jp

從庚申塚站出站後往南走，就可以走到熱鬧的地藏通商店街入口；這裡可是被稱為歐巴桑的原宿的老派情調商店街。沿路上有著廟宇、點心、便宜的衣服和日用品、超市等，還有專賣大紅內衣褲的知名品牌maruji等當地知名品牌，可以體驗看看另一種樣貌的東京。

也可以去這裡A

巣鴨庚申塚

P.140,A3 豐島區巣鴨4 自由參觀

源自於庚申信仰的巣鴨庚申塚，當初就位於中山道休息站旁，不但曾在浮世繪和歷史文本中出現，就連鄰近的地名也直接以庚申塚為名，繁榮與重要性可見一斑。現在庚申塚仍然留有明曆3年(1657年)的碑文，入口的狛犬由兩隻造型奇特的石猴代替，小堂裡祭祀的猿田彥大神則是道路與旅人的守護神。

都電7分

庚申塚

都電9分

大塚

GOAL

東池袋四丁目站

庚申塚站往三ノ輪橋方向月台上

大塚駅步行3分

也可以去這裡Ⓑ

高岩寺

P.140,A3 豐島區巣鴨3-35-2 6:00~17:00 $水洗觀音毛巾￥100

高岩寺裡的地藏菩薩有400年以上的歷史，後來因為區域重劃從上野遷至現址，很快成為商店街最有名的景點，不少人都會特別前來參拜，路邊也賣起各種與地藏菩薩有關的紀念品點心。這裡以保佑身體健康特別有名，除了參拜地藏外，寺院左側還有一尊水洗觀音，據說只要用水替觀音洗滌有病痛的部位，該處病痛就會痊癒。

いっぷく亭

P.140,A3 豐島區巣鴨2-32-10(都電庚申塚駅月台上) 03-3949-4574 10:00~18:00(L.O.17:30)

いっぷく亭是間在月台提供旅客休息的甘味茶屋，這裡的手工おはぎ(沒搗爛的米糰外覆上一層紅豆泥，香Q可口)可是必吃小點心。而香氣十足的炒麵更是用餐時的必點，配上煎得極美的太陽蛋，蛋黃中和了重鹹醬味，讓人一口接一口。

富久晴

P.140,A4 豐島區南大塚2-44-6 03-3941-6794 16:00~22:00 休週日例假日

日本一般的串烤大多為雞肉稱為燒鳥，但在大塚一帶則自古就流行吃「燒豚」，也就是串烤豬肉。富久晴是這裡的招牌老店，一推開門便迎面撲來一陣炭烤香氣，使用備長炭一串一串精心翻烤，坐在繞著料理台的吧檯，身旁熟客邊吃邊跟老闆聊天，充滿在地居酒屋風情。

只限當天購入使用

一日內自由搭乘東急世田谷線全線

東急世田谷線散步一日券

世田谷線散策きっぷ

從三軒茶屋至下高井戶，全程10站，只要20分鐘，卻是充滿東京居住風情的生活圈風景。世田谷線串聯這一帶交通，其實還殘留著「玉電」的面貌；現由東急電鐵接手，自1999年起引進東急300系電車，每次列車由兩輛編成，而每台列車顏色都不一樣，共有10種顏色，來世田谷線尋找心中的那抹顏色，也成了鐵道迷們造訪的課題呢！

380円
兒童190円

令人懷念的玉電

世田谷這一帶，第一條鐵道路線，便是始於明治40年(1907)的玉川電鐵，當地人們暱稱其為「玉電」，曾經有四條路線的玉電一一廢除，最後只留下了三軒茶屋至下高井戶這一條，也就是現在的東急世田谷線，現在沿線還可以看到一些遺蹟，像是在宮の坂駅則可看到早期玉電的電車，吸引許多鐵道迷前來。

這樣的你適合用這張票

◎微鐵道迷，喜歡拍攝鐵道風景
◎不善於規劃轉車行程，想要一條線玩到底
◎喜歡緩慢的旅行步調
◎玩澀谷想要順遊其它景點

1天內隨意搭乘東急世田谷線

能搭乘交通工具

東京Metro地下鐵	都營地下鐵
X	X
東急世田谷線	**JR線**
○	X

下高井戶、豪徳寺、宮の坂、上町、世田谷、松陰神社前、若林、西太子堂、三軒茶屋、下高井戶、松原、山下、三軒茶屋

圖例 — 東急田園都市線 — 小田急線 — 京王線

使用範圍
能在一日內自由搭乘東急世田谷線全線。

有效期間
1日，只限使用當天購入。

購買地點
(1)東急世田谷線「三軒茶屋駅」、「下高井戸駅」的售票窗口購入。
(2)下載專用APP直接線上購買一日電子票券。
*其它站並無販售，若起站為東世田谷線其它站，則可先付車資，向車掌索取「車票購入証明」後，只須退補差額、即可至上述兩站購買一日券。

退票
當日券售出後不得退票。

如何乘坐路面電車

除了起迄站的下高井戸駅、三軒茶屋駅設有改札口之外，其它皆為無人車站。全線電車皆為2輛編成，搭乘時：
1從最前面的門上車
2上車時付款
3下車按鈴，從中間兩道門下車

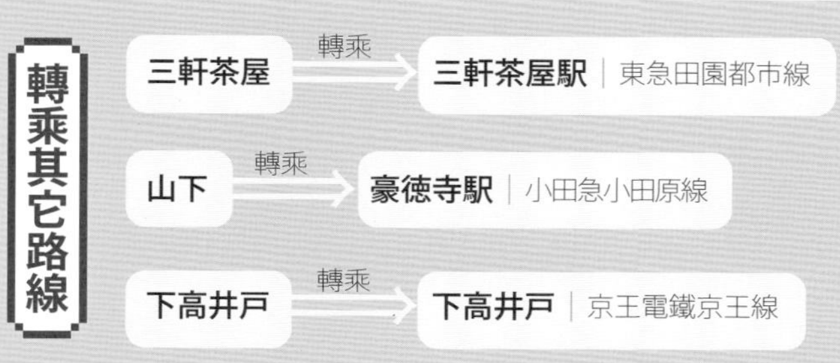

也可以用其它票券

東急全線搭乘！

東急・一日乘車券／東急線・東急バス 一日乗り放題きっぷ
能在1日內無限次搭乘東急全線、東急巴士(機場巴士、高速巴士等除外)。大人1070円、兒童540円。

車票+食券！

橫濱中華街美食之旅／橫濱中華街旅グルメきっぷ
套票內容包括東急全線一日乘車券、港區未來線一日乘車券與橫濱中華街的美食優惠券一張。大人3300円、兒童2200円。

範圍超廣全都搭！

大東京周遊券／Greater Tokyo Pass
能搭乘東京都心23區的各大私鐵、地下鐵與巴士，但不能搭乘JR線。票券使用期限為連續五天，大人7200円、兒童3600円。(另有只能搭乘鐵路的3日券)→詳見P.138

COURSE # 2

START

世田谷線 11分

三軒茶屋

東京的另一條路面電車 拜訪世田谷的生活況味

從澀谷前來，要先到世田谷線的車站購買一日券，從這裡開始一日券的小旅行。

世田谷線一日輕旅行

整修路線穿貫穿世田谷區的住宅區，說是一條觀光的路線 ，倒不如說是為了當地居民生活便利而設。車速緩慢，每一站間距不超過1公里，甚至在三軒茶屋至西太子堂間只有300公尺；而沿線許多小店、咖啡廳，尤其是在松陰神社前至世田谷駅一帶，因為比較少觀光客造訪，讓人有種遠離東京喧囂的靜謐感。

お得チケット 2 東急世田谷線散步一日券

坐這麼多趟！

原本 800円

⇓ 購票只要

380円

使用這張票全程省 420円

START

- 9:40 三軒茶屋站
- ↓ 世田谷線11分
- 10:00 宮の坂站
- ↓ 世田谷線01分
- 11:00 山下站
- ↓ 世田谷線04分
- 11:30 上町站
- ↓ 世田谷線03分
- 13:30 松陰神社前站
- ↓ 世田谷線06分
- 15:00 三軒茶屋站

GOAL

Check List

沿路必看！必吃！

- ☑彩色路面電車
- ☑個性小咖啡廳
- ☑豪德寺成群招財貓
- ☑松蔭神社求學問
- ☑免費觀景台眺望都心

Point

讓旅行更順暢的小方法

◎全區單趟160円，搭三次就回本。

◎東京知名的二手市集「世田谷ボロ市」在每年12月15、16日，以及1月15、16日舉辦，人會爆炸多，想湊熱鬧可以鎖定，若怕太擠可以避開。

◎沿線店家大多休週三、四，安排行程時可避開這天。

◎許多站距離很近，用走的穿梭小巷也很有趣。

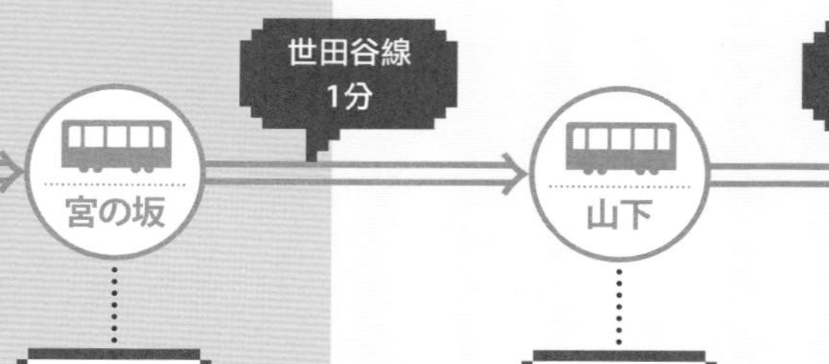

豪德寺

P.140,A2 世田谷區豪德寺2-24-7 6:00~18:00

豪德寺是世田谷區曹洞宗的寺院，也是井伊直弼墓的所在地。會漸漸有名起來，則是傳聞這裡是招福貓的發祥地。傳說當時井伊直孝看見對他招手的貓，進來到豪德寺因而避開身後的劈雷，也因為這個傳說，現在境內除了可以看到祭祀招猫観音的招猫殿之外，在招猫殿一旁供奉上千尊招福貓，更是奇觀。在三重塔上也可以找到招福貓的浮雕，是愛貓人士必訪的名勝！

玉電咖啡山下

P.140,A1 03-5426-3737 世田谷區豪德寺1-44-5 11:00~17:00 休週三、週日及例假日

由世田谷區域活化組織所經營的玉電咖啡，訴說著世田谷線曾經的身世，同時也肩負起地域活化、文化交流的使命，小小的空間除了當作咖啡廳提供簡易餐點之外，更置放了世田谷區的活動傳單等，想要了解世田谷區來到這裡準沒錯！另外店內一隅也設置了玉電的資料、相關產品等，鐵道迷必遊！

世田谷區立鄉土資料館

P.140,A2 世田谷區世田谷1-29-18 9:00~17:00 休週一、例假日、12/28~1/4

世田谷區立鄉土資料館是東京都23區中，第一座地域性博物館，於昭和39年開幕，展示著世田谷地區的考古資料、民俗資料、古文書、繪畫等。現址位在舊彥根藩世田谷領代官・大場家的代官屋敷境內，也能看到早期農豪建築，是個散步的好去處。

世田谷線
3分

松陰
神社前

松陰神社前站
步行3分

タビラコ

P.140,B2 03-3439-5353 世田谷區世田谷4-13-20 13:00~20:00 週四 午間焗烤套餐￥1100起

位在鐵道旁的小小咖啡店，白淨的牆面，木色桌椅，最靠窗的座位是特等席，列車不時經過窗邊，叩隆叩隆聲響充滿鐵道旅行情緒。個性女主人在一旁親切地接待著，極度日常的小咖啡廳，提供簡單餐食、櫃台一旁也設置了小小的雜貨區，許多可愛小物讓人愛不釋手。店內也放了不少繪本、書籍，可以隨手取閱，但可別忘了放回原位。

也可以去這裡A

1mm market

P.140,B2 050-3450-9515 世田谷區世田谷4-13-18 11:00~16:00，週末12:00~17:00 週五、週日 ichi-mm.com

位在住宅區裡的小小文具雜貨舖，精選來自北歐、東歐以及日本的優質文具、玩具，為平淡生活注入多彩多姿的能量。特地選在這裡開店便是喜歡這裡悠閒的生活感，每年店主人會赴歐遊走，將用自己的眼看到的美好事物帶回日本，為寧靜的住宅區帶回新的生活提案。

也可以去這裡B

松崎煎餅

P.140,B2 03-6884-3296 世田谷區若林3-17-9 11:30~19:00(L.O.18:30) 週三 1804.matsuzaki-senbei.com

超過200年歷史、本店在銀座的煎餅老舖「松崎煎餅」，在松陰神社站前開設一間全新型態的複合式餐廳，店內除了販售煎餅，另闢一處用餐空間提供餐點及冰品，限量午餐的食材皆使用自然、有機栽培的當季野菜，另也有甜點、飲料的選擇。

世田谷線
6分

GOAL

三軒茶屋

松陰神社前站
步行3分

三軒茶屋站
步行1分

松陰神社

P.140,B2 世田谷區若林4-35-1 7:00~17:00 境內自由，勝守￥1000

松陰神社祭祀的是吉田松陰，原址為長洲藩的別邸，明治15年(1882)時世人感念松陰先生的偉大，建造了這間神社，松陰先生也成為當地人日常的守護神。現在看到的社殿則是建於昭和2年至3年之間。因為松陰先生飽讀詩書，現在許多學子也來這裡購買勝利御守、祈求考試合格，這裡也成為著名的學問之神社。

Carrot Tower 展望台

P.140,B2 世田谷區太子堂4-1-1 Carrot Tower 26F 9:30~23:00 休每月第二個週三

位在三軒茶屋駅相通的大樓Carrot Tower樓頂的展望室，是東京難得的免費展望台。展望台的北東側可遠望東京都心，這裡設置了咖啡廳，可以選個靠窗的位置坐下來好好欣賞景色；而西南邊則靠向低矮的住宅區，天氣好且能見度高時，還有機會看到富士山呢！另外，世田谷線的鐵路就在底下，從展望台觀看列車進出站也十分有趣。

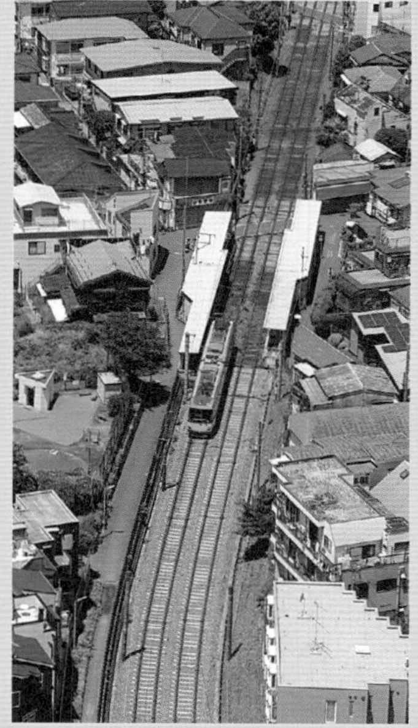

也可以去這裡A

rain on the roof

P.140,B2 03-3487-8811 世田谷區三軒茶屋 2-14-22 池田屋 2F 11:30~23:30

三軒茶屋一帶的房舍低矮，保留了大多的古屋，而其中rain on the roof便是改建於老房子，在2樓全木的暗色內裝中，毫不宣揚的一軒。昏暗的室內空間，擺放著幾張桌椅、沙發，高高的屋頂，木樑懸於頭上，老房子的氛圍滿點。

也可以去這裡B

来来来

P.140,B2 03-3412-2918 世田谷區太子堂4-27-10 11:30~15:00，17:00~22:00；週日例假日11:30~21:00 休每個月第三週的週二、三(除了1、8、12月)

小小的店面毫不起眼，来来来以知名的好口味征服東京饕客的味蕾，也是許多知名藝人常造訪的隱之家。這裡最有名的便是長崎什錦麵，一碗滿滿的料，重鹹的湯頭鮮香回甘，配上Q彈麵條，一吃上癮！

橫濱港區未來線一日乘車券

みなとみらい線一日乗車券

只限當天購入使用

一日內自由搭乘橫濱港區未來線全線

橫濱港區未來線是從横浜途經新高島、みなとみらい、馬車道、日本大通り、元町・中華街，全線共6站，只要10分便能到達，也是玩港區未來21的主要交通手段，沿途各站都有觀光景點，想要玩遍港區、中華街、山手異人館等風光，買一日券每站都下車探險才是王道。

460円
兒童230円

浪漫港灣賞夜景

在橫濱的一天結束時，可別忘了欣賞橫濱有名的港口夜景。日落時分，可以從元町中華街一帶前往大さん橋上國際客船ターミナル的眺望台，眺望日劇中曾出現的港口夜景，天黑後則不妨前往橫濱賞夜景的經典景點：Yokohama Landmark Tower，或是Marine Tower，感受在高樓上被港灣燈火璀璨環繞的美麗。

這樣的你適合用這張票

- ◎計劃一整天都待在橫濱遊玩
- ◎不善於規劃轉車行程，想要一條線玩到底
- ◎前往元町．中華街，並預計中停一站
- ◎不想走太多路

1天內隨意搭橫濱港區未來線

能搭乘交通工具

東急東橫線	相鐵本線
X	X
港區未來線	**JR線**
○	X

使用範圍

能在一日內自由搭乘橫濱港區未來線全線

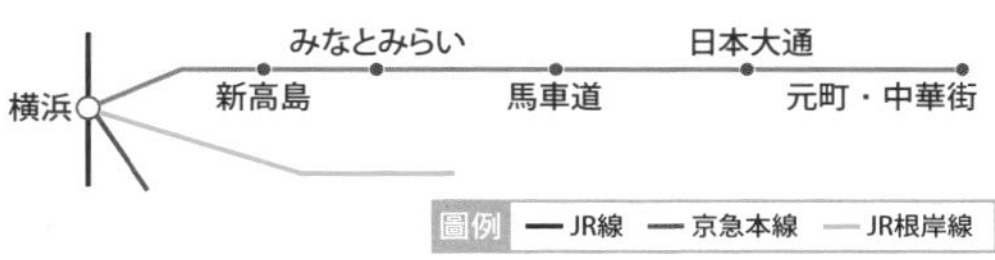

有效期間

1日，限購入當天使用。

購買地點

橫濱港區未來線各站的自動售票機。只限販售當日券，買了當天就要使用。

*也可以申請購買前賣券，但需要填寫申請書並郵寄，非必要並不建議，適合人數較多的團體預購使用，一般旅客還是請直接購買當日使用的一日券。

退票

在票券使用期限內，未經使用的情況下，可退票。一張需扣除190円手續費。

其它

除了在自動售票機購買之外，也有由工作人員設計繪製的「特別版」車票，在橫濱港區未來線各站(橫浜駅除外)的事務室可以購買。持一日券也能享有部分觀光設施的優惠。

轉乘其它路線

横浜 轉乘 ⟹ **横浜駅** | JR線、東急東橫線、京急本線、相模本線、横浜市營地下鐵

也可以用其它票券

車票+食券！

橫濱中華街美食之旅／橫濱中華街旅グルメきっぷ

套票內容包括東急全線一日乘車券、港區未來線一日乘車券與橫濱中華街的美食優惠券一張。大人3300円、兒童2200円。

京急+地下鐵！

京急橫濱一日券／橫浜1DAYきっぷ

可在一日內無限搭乘京急線横浜～上大岡區間、港區未來線全區、横浜市營地下鐵横浜～上大岡區間與横浜市巴士指定區間。大人870円、兒童435円。

範圍超廣全都搭！

大東京周遊券／Greater Tokyo Pass

能搭乘東京都心23區的各大私鐵、地下鐵與巴士，但不能搭乘JR線。票券使用期限為連續五天，大人7200円、兒童3600円。(另有只能搭乘鐵路的3日券)→詳見P.138

COURSE # 3

START

港灣邊的近未來都市
高空眺望璀璨夜景

橫濱港區未來線 一日輕旅行

橫濱的港區未來21現代感高層建築串聯出港灣都市的現代化。保存開港時期的歷史建築讓這裡充滿新舊都市的對比景觀。

お得チケット 3 橫濱港區未來線一日乘車券

坐這麼多趟！

原本1230円
⇓ 購票只要
460円
使用這張票全程省 770円

START

8:30	横浜駅
↓	みなとみらい線10分
9:00	元町・中華街駅
↓	みなとみらい線04分
11:00	みなとみらい駅
↓	みなとみらい線02分
14:00	馬車道駅
↓	みなとみらい線03分
15:00	元町・中華街駅
↓	みなとみらい線01分
14:30	日本大通り駅
↓	みなとみらい線06分
20:00	横浜駅

GOAL

Check List

沿路必看！

- ☑港區未來21
- ☑主題遊樂館
- ☑地標塔登高看美景
- ☑山手區洋風老房子
- ☑繁華熱鬧中華街
- ☑搭船出航看夜景

Point

讓旅行更順暢的小方法

◎從橫濱到元町中華街，單程就要230円，來回再中停一個點就回本。

◎因為用一日券，且每站距離不遠，所以可以依景點開放時間多次造訪。

◎這一帶主要移動手段是電車、巴士。但由於景點密集，要用走路串聯也不是不行。

◎博物館等室內景點不少，可作為雨天候補地區。

◎要登上展望台可以選擇17:00左右時段，可同時欣賞日景與夜景。

みなとみらい線
10分

元町・
中華街

元町・中華街駅
步行5分

港の見える丘公園

P.142,B3 045-671-3648 神奈川縣橫浜市中區山手町114

1926年由英國軍隊規劃的港の見える丘公園設置了可以眺望港區未來、橫濱港灣大橋的座椅，總是吸引情侶們賞景談心，公園內小型的森林和著名洋館，是山手地區一定要看的景點。

元町・中華街駅
步行5分

山手西洋館

P.142,B3-B4 神奈川縣橫濱市中區山手町

沿著無數條緩坡而上，稍微走遠一些，就可以來到位於台地上、洋溢著異國風味情的山手。山手過去是外國人的居留地，至今仍有許多古老的西洋建築，氣氛也顯得明亮開朗。港の見える丘公園以及橫濱外國人墓地與一些洋館都是這裡的主要景點。

也可以去這裡A

Berrick Hall

P.142,B4 神奈川縣橫浜市中區山手町72 9:30~17:00 休第2個週三，12月29日~1月3日 免費

這裡是英國商人Berrick的宅邸，也是山手洋館群中現存最大的一幢房屋。設計者是美國設計師摩根(J.H. Morgan)，以西班牙式建築為基調，從1樓的大片落地窗便可見其建築主要風格。另外再配合上多彩的元素，像是黑白地磚與2樓房內的小窗，都忠實地呈現當時的建築美學。

也可以去這裡B

えの木てい

P.142,B4 045-623-2288 神奈川縣橫浜市中區山手町89-6 11:00~19:00 (L.O.18:30) 紅茶戚風蛋糕￥594 www.enokitei.jp

甜點舖えの木てい創於大正時代，位在山手地區的本店外觀紅瓦白牆的古老英式建築乃出自日本設計師朝香吉蔵之手，當初原本是美國的檢察官的住所，後來則被えの木てい老闆的父母買下，並開設成咖啡廳，讓人也可以在古老的洋館中品嚐咖啡甜點，度過悠閒的時光。

みなとみらい線
4分

みなと
みらい

みなとみらい線
2分

みなとみらい駅
步行8分

杯麵博物館

P.141,B1 045-345-0918 神奈川縣横浜市中區新港2-3-4 10:00~18:00 週二、年末年始 入館￥500，高中生以下免費。www.cupnoodles-museum.jp/

日清於2011年在横浜新建了杯麵博物館，以「創造思考」為主題，介紹了泡麵與杯麵的發展歷程。館中可以看到多國泡麵與日清的發展理念，其間不只在參觀，而更著重在「動手體驗」；眾多展覽都結合最新科技達到與觀眾的互動，而且館內還有自己動手做泡麵、做杯麵的專區。

也可以去這裡1

橫濱麵包超人博物館

P.141,A1 045-227-8855 神奈川縣横浜市西區みなとみらい6-2-9 10:00~17:00 1/1 博物館：1歲以上￥2200~2600(依日期不同)(票須預購)。購物商場：免費 www.yokohama-anpanman.jp

橫濱麵包超人博物館除了有賣場之外，也有讓孩子們靜下心來看的麵包超人劇場，一天有4次可以欣賞博物館內獨家播映的卡通影片，還能與麵包超人來個近距離接觸。

也可以去這裡2

Cosmo World

P.141,B1 神奈川縣横浜市中區新港2-8-1 依季節而異，約11:00~20:00 免費入園，摩天輪￥900，雲霄飛車￥800 cosmoworld.jp

橫濱Cosmo World樂園內共有27項遊樂設施，而圍繞著摩天輪高低起伏，還會直接衝入水面的雲霄飛車更是讓人驚聲尖叫。無論是在一旁觀看或親身體驗，都能感受到歡樂氣氛。

みなとみらい駅
步行3分

横浜地標塔空中花園展望台

P.141,A1 神奈川縣横浜市西區みなとみらい2-2-1 Yokohama Landmark Towe 69F 10:00~21:00(入場~20:30)，週六、隔天為假日的週日10:00~22:00(入場~21:30) 大人￥1000

横浜地標塔大樓的主塔高296公尺，要登上横浜地標塔得搭乘最快每分鐘可爬升750公尺的高速電梯。直達69樓的空中花園展望台後可以鳥瞰整個横浜地區、360度的遼闊視野。

也可以去這裡A

Queen's Square

P.141,A1 神奈川縣横浜市横浜市西區みなとみらい2-3 商店11:00~20:00、餐廳11:00~22:00(部分依店家而異) www.qsy-tqc.jp

「皇后廣場」屬於大型的複合式購物中心，從港區未來車站可直通地下3樓，交通相當便捷，除了購物與餐飲聚集外也有飯店、演藝廳。

也可以去這裡B

MARK is

P.141,A1 神奈川縣横浜市西區みなとみらい3-5-1 購物10:00~20:00、週末、例假日、例假日前一天10:00~21:00，餐廳11:00~23:00 www.mec-markis.jp/mm/

MARK is以「MARK is here」發想命名，希望塑造新的生活方式，與當地居民一同努力成長，為這城市盡一份心力，進而成為横浜幸福地標。

みなとみらい線
3分

元町・
中華街

馬車道駅
步行3分

日本郵船歷史博物館

P.141,B2 神奈川縣橫浜市中區海岸通3-9 10:00~17:00 休週一 ＄￥400

展示日本明治時期以後，搭載人、貨物及文化的船隻，其航線從日本延伸向世界的歷史。建築物過去是海運公司日本郵務船的橫浜分公司，充滿著藝術與古意，吸引許多遊客留影紀念，博物館內則可以欣賞到1920年代豪華客輪之巨大模型與紀錄影片。

也可以去這裡

象鼻公園

P.141,B2 神奈川縣橫浜市中區海岸通1

因為狹長的防波堤酷似象鼻而得名的象鼻區域，經過重整修建後變身優美的濱海綠地，並串聯起港區21與山下公園。象鼻公園裡還有以一隻猛瑪象的雕塑為中心的咖啡廳，在這裡可以吃大象霜淇淋，可愛又美味。象鼻公園的誕生，讓遊客能夠從橫浜駅一路逛到元町、中華街，沿途碧海藍天風光明媚，購物中心與咖啡店讓你邊走邊玩好痛快。

元町・中華街駅
步行1分

橫濱中華街

P.142,B3 神奈川縣橫濱市中區

有著華麗中國牌坊的橫濱中華街，聚集了數百家來自江浙、北京、四川、上海、廣東與台灣等地的料理餐廳，以及中國風濃厚的雜貨店，姑且不論偏近日本人口味的中國菜是否合乎胃口，不妨來此感受一下深受日本人喜愛的中華風。

也可以去這裡Ⓐ

橫濱關帝廟

P.142,A3 神奈川縣橫浜市中區山下町140 045-226-2636 9:00~19:00

到橫濱也可以拜關公？沒錯，有中國人的地方就有寺廟，1873年遷居來到日本的華人蓋了日本的第一座中式廟宇，經過華僑們多次整建，擁有典型的色彩華麗、雕樑畫棟的裝飾，據說還使用了3.5公斤的金箔。

也可以去這裡Ⓑ

橫濱媽祖廟

P.142,B3 神奈川縣橫浜市中區山下町136 045-681-0909 9:00~19:00

由日本華僑所捐款建造完成的橫濱媽祖廟位於南門絲綢之路（南門シルクロード）上，也是日本華僑的信仰中心。於2006年3月完工啟用，供奉的當然就是我們最熟悉的天后媽祖，進入參拜每個人都必須付￥500的香油錢。

みなとみらい線
1分

元町・中華街駅
步行2分

橫濱博覽館

P.142,A2 神奈川縣橫浜市中區山下町145 045-640-0081 購物9:30~21:30，週五~六、例假日前夕9:30~22:00；2F點心麵工廠10:30~20:00，週六、例假日前夕至21:00；3F咖啡廳10:30~17:30，週六、例假日前夕至18:30 hakurankan.jp

橫濱博覽館1樓主要賣許多有橫濱特色的紀念商品，還有中式點心專賣店開華樓，2樓則是台灣也吃得到的模範生點心麵(ベビースター)的小型工房，來到這裡可以買到各種口味的杯麵與剛炸好的點心麵。3樓有咖啡廳、橫濱觀光案內所與露天庭園。

元町・中華街駅
步行5分

山下公園

P.142,B2 神奈川縣橫濱市中區山下町

山下公園是橫濱最具傳統的觀光點，四周商家並不多，純粹享受橫濱港的海景和海風，並有海上觀光巴士可搭乘。公園內除了「水的舞台」、「水的階梯」等造景外，也可以從公園中遠觀港區未來21以及海灣大橋等，由於離港區未來21與元町、中華街都在徒步可及的距離，是個日夜都值得推薦的地方。

也可以去這裡①

日本郵船冰川丸

P.142,B2 神奈川縣橫浜市中區山下町山下公園地先 10:00~17:00 休週一 ￥300

1930年竣工、今年已超過90歲的冰川丸，過去為北太平洋航路的貨客運船，是在戰爭中唯一沒有沉沒的日本郵輪，之後提供作為船隻的歷史展示場。於2008年4月25日完成整修，開放內部參觀，可看到昭和時代的郵輪風華。

也可以去這裡②

YOKOHAMA MARINE TOWER

P.142,B2 神奈川縣橫浜市中區山下町14-1 10:00~22:00(入場至~21:00) ￥1100 marinetower.yokohama/

橫濱海洋塔是1958年為紀念橫濱開港100週年所興建，高度達106公尺，過去曾具有燈塔的功能，在2022年經過整修後以嶄新的姿態，再度成為橫濱港邊的亮點。搭電梯到30樓高的觀景台，港區風光一覽無遺，夜晚旋轉的摩天輪和往來行船璀璨燈影，浪漫得教人沉醉，被視為「戀人的聖地」。

日本大通り駅
步行10分

工廠夜景叢林遊船

P.141,B2 045-290-8377 神奈川縣橫浜市中區新港1-1 ピア赤レンガ桟橋 搭船 每週末日落時分出發，航程約一個半小時。 ￥5500，附飲料一杯 www.reservedcruise.com/fact

工廠夜景叢林遊船是RESERVED CRUISE公司旗下熱門航程：航程從橫浜紅磚倉庫群出發，地點是日本四大工場夜景之一的京浜工業地帶；沿途的經典場景有盤繞在大黑碼頭上空有如巨蛇一般的快速道路區，像是發光的桌上型醬油瓶的川崎天然瓦斯發電所等，奇幻又美麗。

也可以去這裡A

橫浜紅磚倉庫

P.141,B2 神奈川縣橫浜市中區新港1-1 依店舖而異，約為11:00~20:00 www.yokohama-akarenga.jp

紅磚倉庫原本是橫浜港邊的舊倉庫群，經巧手改築後，1號館除作為展覽館之用，也進駐超過10家以上的橫浜原創品牌，2號館則是商業用途，各類充滿海洋風味的繽紛雜貨，以及時髦的咖啡廳在充滿懷舊風情的紅磚空間內，每一家都有其獨特品味。

也可以去這裡B

大さん橋国際客船ターミナル

P.142,A1 神奈川縣橫浜市中區海岸通1-1 045-211-2304 甲板廣場24小時開放 osanbashi.jp

這是個海上航站，從東京、橫濱前往世界各地的郵輪，皆由此出發。由英國建築團隊規劃的一樓是出入境大廳，最讓人流連忘返的則是以郵輪甲板為意象規劃的眺望台，藉著不斷向前延伸的木條地板，拉出隨意遊走漫步的動線，成了一覽橫濱港全貌的最佳地點。

只限當天購入使用

一日內自由搭乘江之電全線

江之電一日乘車券

江ノ電のりおりくん

說起東京近郊的美好風景，一定不能錯過鎌倉，它代表了都市人心中理想桃花源的原型，樸實無華卻充滿豐沛心靈的無限可能。搭乘電車靜靜地感受車窗外光線的細微變化，擺脫日常的小出走，總是令人雀躍。鎌倉的古都寺社、湘南海岸的美式風情、江之島尋貓之旅，完美的散步小旅行，就靠這一張票來完成。

800円
兒童400円

(江ノ島電鉄)　1日乗車券のりおりくん

藤沢駅・鎌倉駅では、電車から一旦お降りになり乗車ホームより再度ご乗車ください。

乗降自由

大人　600円

2019.-2.24　1841

発売当日限り有効　鎌　倉　駅自02

江之電　被暱稱為江之電的江之島電鐵，運行於鎌倉、江之島到藤沢之間，通車已逾百年。原本只是因為方便當地居民交通，除了具有通勤的功能之外，由於穿梭於海濱與住宅街區之中，使其觀光色彩更加濃厚，成為最熱門的電車路線，也因維持著原始樣貌的車廂，在復古風潮興起後廣受歡迎，只要一想到鎌倉腦中就會浮現江之電的畫面。

這樣的你適合用這張票

◎喜歡路面電車
◎微鐵道迷，喜歡拍攝鐵道風景
◎預計花整天時間好好玩鎌倉江之島
◎不善於規劃轉車行程，想要一條線玩到底

1天內在江之島、鎌倉地區通行無阻

能搭乘交通工具

小田急	湘南單軌電車
X	X
江之電	**JR線**
○	X

使用範圍

能在一日內自由搭乘江之電全線

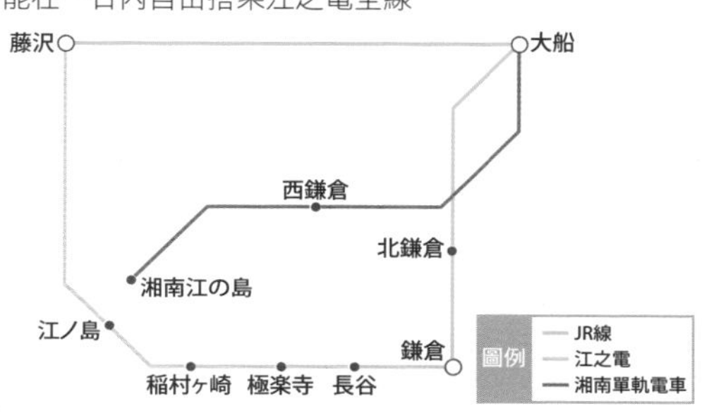

有效期間

1日，只限使用當天購入。

購買地點

江之電沿線車站的自動售票機、手機APP及部分旅遊設施。

退票

在票券使用期限內，未經使用的情況下，可在購票點退票。一張需扣除220円手續費。

特典

在使用日當天，出示票券可享沿線各設施的消費折扣、入場小禮物等。

主要幾個景點如下：

江之島電扶梯→全區間折40円
新江ノ島水族館→門票9折
長谷寺→入場小禮物
葉祥明美術館→門票折扣100

*在各大車站有一日券折頁，詳載配合店家資訊，網站也有刊載，請以刊載為主。

其它

除了購買紙面票券之外，也可以下載專用手機購票APP系統「EMot」，購買電子一日券，電子票券由於無法走自動票閘口，須走有人員的票口並出示票券畫面。

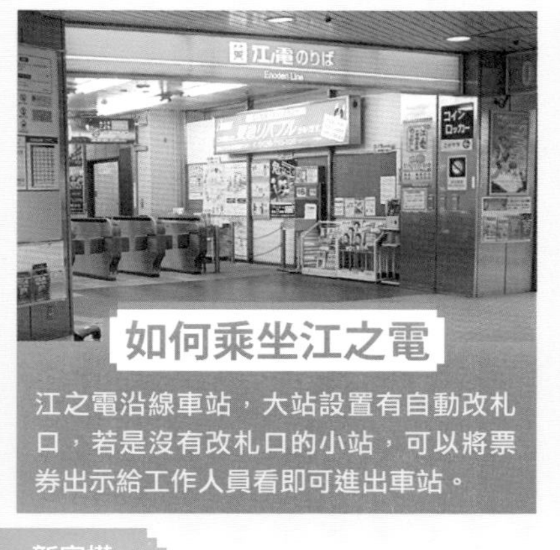

如何乘坐江之電

江之電沿線車站，大站設置有自動改札口，若是沒有改札口的小站，可以將票券出示給工作人員看即可進出車站。

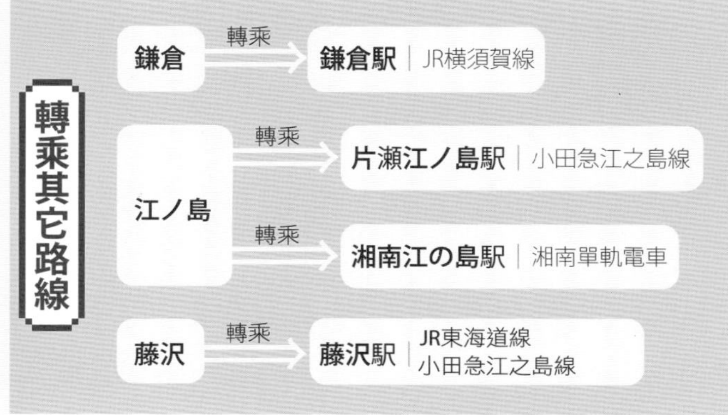

也可以用其它票券

新宿搭 小田急直達

小田急江之島鎌倉通票／鎌倉・江ノ島フリーパス

包括小田急線新宿至藤沢間，任選一站的來回車票、小田急線藤沢～片瀬江ノ島一日自由搭乘、江之電一日自由搭乘，出示車票也能享有許多景點的優惠折扣。價格依出發站有所不同，若從新宿出發，大人1640円，兒童430円。

江之電 搭配巴士

鎌倉自由環保通票／鎌倉フリー環境手形

能在1日內無限次搭乘江之電(鎌倉～長谷)、江之電&京急巴士(限定區間)，對於沒有要前往江之島上的人，但想主攻鎌倉、長谷、北鎌倉周邊的就很適合，以江之電搭配巴士，拜訪周邊的景點跟寺院可輕鬆又省力，一日券也提供不少知名景點的優惠折扣可以利用。大人900円，兒童450円。

COURSE # 4

沿著海岸線行駛的古老電車
帶你進入美麗湘南之夢

鎌倉江之島一日滿喫

江之島電鐵沿途經過江ノ島、七里ヶ浜、鎌倉等站，復古多樣的可愛車款和各具特色的車站都很有旅行氣氛。途中不論是從民宅間驚險穿過，或是在奔馳過御靈神社正前方時，抓住瞬間拍下正對著你的鳥居，又或者尋找《灌籃高手》中櫻木和晴子見面時，晴子笑容後方襯著江之電和藍色大海的絕妙場景，都讓這趟復古電車旅程有趣極了。

原本1280円
⇓ 購票只要
800円

使用這張票全程省**480円**

08:00	藤沢駅
↓	江之電18分
08:30	七里ヶ浜駅
↓	江之電04分
10:00	鎌倉高校前駅
↓	江之電06分
10:30	江ノ島駅
↓	江之電12分
12:00	稲村ヶ崎駅
↓	江之電06分
13:30	長谷駅
↓	江之電05分
15:30	鎌倉駅

GOAL

Check List

沿路必看！必吃！

☑百年古剎
☑綠色的可愛路面電車
☑灌籃高手VS湘南海岸
☑日劇知名拍攝場景
☑可愛老屋咖啡廳
☑小町通邊走邊吃

Point

讓旅行更順暢的小方法

◎搭江之電就是要看海！坐上往藤沢的車要坐在行進方向的左邊！往鎌倉的車就要坐在右手邊！

◎想跟灌籃高手平交道合影，建議一早第一個景點就先衝。

◎鎌倉大佛背後有入口可進去胎內參觀，不要錯過。

◎到湘南海岸時，記得順著海岸線往西看去，天晴時會看到富士山哦！

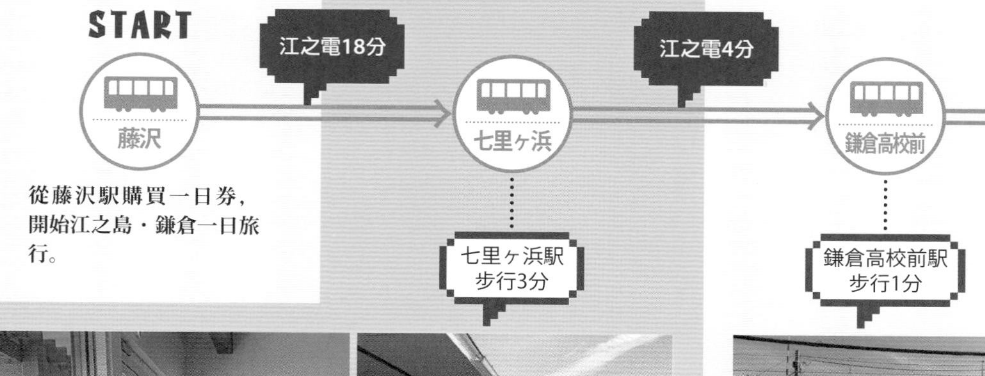

Pacific DRIVE-IN

P.141,B3 神奈川縣鎌倉市七里ガ浜東2-1-12 8:00~20:00，11~2月平日10:00~20:00 pacificdrivein.com/

以美式汽車餐廳風格，搭配海洋氣息，Pacific DRIVE-IN在湘南海岸博得大人氣。位在134號道路旁的海岸地，坐擁美麗海岸風景，提供的更是道地美式風格，像是鬆軟可口的人氣必點「鬆餅」外，早餐還吃得到專為衝浪手設計的菜色「衝浪者套餐」，讓人元氣滿點！

也可以去這裡

Double Doors

P.141,B3 神奈川縣鎌倉市七里ガ浜東2-2-2 11:00~22:00，週末例假日9:00~22:00 www.doubledoors.jp

在海岸旁的道路沿路上也開了許多海景咖啡廳，包含bills、amalfi CAFFE等，其中這間Double Doors曾為日本MV的拍攝地，散發出洗鍊的質感，天氣好的時候也可到露天用餐區一邊用餐一邊做日光浴，相當愜意而舒適。

灌籃高手平交道

P.141,B3 神奈川縣鎌倉市腰越1-1-25 拍照時務必遵守禮儀，不妨礙交通

鎌倉高校前駅的湘南海岸，是許多灌籃高手迷一定要造訪的地點。走出車站，看見那條與大海平行的黃色平交道，耳邊已然響起《灌籃高手》的熱血片頭曲，籃球場上的熱切歡呼聲，波光粼粼的湛藍大海，海鷗逆光飛翔，平交道前黃綠相間的電車緩緩駛過，晴子露出燦爛笑容和櫻木花道招手。

江之電6分

江ノ島

江ノ島駅
步行15分

江島神社

P.141,B4 神奈川縣藤沢市江の島2-3-8
免費參拜 enoshimajinja.or.jp

江之島面積雖小，卻以擁有供奉女神弁財天的江島神社而著稱。江島神社是島上的三間神社──邊津宮、中津宮、奧津宮的總稱，始於552年，按照參拜順序，會先抵達本社邊津宮，其後中津宮，最後才是奧津宮，越往裡面氣氛也越幽靜。距離青銅鳥居最近的邊津宮是江島神社的玄關口，奉祀女神田寸津比賣命，本殿最初建於1206年，現在看到的神社則是1976年所建。由於是江島神社本社，大部分的宗教儀式都在這裡舉行，另外，左近紅色的六角形建築奉安殿，裡頭藏有鎌倉和江戶時代流傳下來的弁財天像，是日本三大弁財天之一。

也可以去這裡1

新江之島水族館

P.141,B4 神奈川縣藤沢市片瀬海岸2-19-1 9:00~17:00、12~2月10:00~17:00 ¥2500
www.enosui.com

開幕於2004年的新江之島水族館，最有名就是以富士山和左方江之島為景的表演舞台。水族館以相模灣和太平洋為飼育主題，模擬相模灣、擁有8000條銀色沙丁魚的超大型水缸是其招牌風景，其他像充滿夢幻氣息的水母館也很受歡迎。

江ノ島駅
步行20分

也可以去這裡②

少牟艾爾・廊京苑

P.141,B4 神奈川縣藤沢市江の島2-3 9:00~20:00 白天免費，17:00後入場¥500

是1882年英國貿易商Samuel Cocking所建的和洋折衷式庭園，當年花園總面積超過1萬平方公尺，2003年公園重新整頓後設有咖啡座可以小憩。境內有處展望燈塔是江之島的地標，最早是跳傘訓練的跳台，1950年代以後轉作觀光用途。高約60公尺的燈塔上，可盡情鳥瞰湘南的海岸風景。

也可以去這裡③

江之島岩屋

P.141,B4 神奈川縣藤沢市江の島2-3 9:00~17:00、1~2月9:00~16:00 ¥500

位於江之島的岩屋（海蝕洞），早在6世紀左右就已為人知，天皇曾在此安置初代江島神社，弘法大師、源賴朝等人曾拜訪這裡，不少和歌和浮世繪中也有它的身影。除了新設的地下池、龍神像等之外，第一岩屋的最深處就是522年當初的石造江島神社。

弁財天仲見世通り商店街

P.141,B4 神奈川縣藤澤市江之島

沿著すばな通り商店街走過地下道、江ノ島大橋後即正式進入江之島區域，這裡有眾多商店與四起的店家叫賣聲，短短不到200公尺的商店街聚集超過50家商店，有溫泉旅館、咖啡廳、伴手禮店，也因臨近海港海鮮餐廳更是為數不少。

也可以去這裡

あさひ 本店

P.141,B4 神奈川縣藤澤市江之島1-4-10 9:00~18:00 休週四 章魚仙貝￥400

一片大仙貝裡有二至三隻完整的章魚，放到鐵板上後發出滋滋聲響，與麵糊一同煎成薄片，あさひ本店用章魚做仙貝打響名號後，還推出了小龍蝦、海蜇等新鮮海味做的奇妙仙貝，到現場可以買到剛做好熱騰騰的仙貝，美味值得排隊！

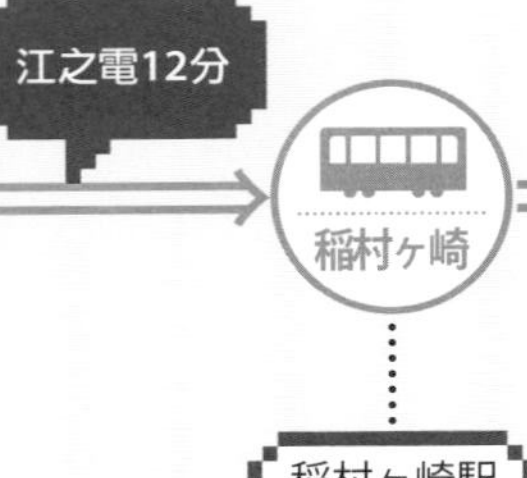

江之電6分

稲村ヶ崎駅
步行2分

ヨリドコロ

P.141,B3 0467-40-5737 神奈川縣鎌倉市稲村ガ崎1-12-16 7:00~18:00 休週二

位在鐵道旁的老房子專賣魚乾名店「丸恵」及各地嚴選魚乾，提供純日風的烤魚定食，搭配嚴選雞蛋，最流行的TKG(生蛋拌飯)更是人氣！即使不用餐，這裡也提供美味甜點與咖啡選擇。更棒的是，店面大面窗戶正對著鐵軌，江之電一駛過便會叩嚨叩嚨作響，電車迷絕對不能錯過！

長谷駅
步行15分

高徳院

P.141,A3 神奈川縣鎌倉市長谷4-2-28 8:00~17:30、10~3月8:00~17:00；大佛內拜觀8:00~16:30 ¥300，大佛內部參觀加收¥50 www.kotoku-in.jp

「沒有看過大佛，就別說你來過鎌倉」，依照阿彌陀如來佛塑像而成的大佛，與奈良大佛並列為日本二大大佛，佛身高度有11.312公尺，佛體重量121噸，是鎌倉的精神象徵。參觀者也可以進入大佛內部，細細欣賞700年以上的歷史軌跡。

也可以去這裡❶

長谷寺

P.141,A4 神奈川縣鎌倉市長谷 3-11-2 8:00~17:00，4~6月8:00~17:30 ¥400

長谷寺供奉著日本最大的木造觀音像，開滿菖蒲花的庭園非常優雅。觀音堂旁有一棟置放回轉式輪藏的經藏，推一圈就等於唸了佛經一次，只於每月18日等特定日期開放給民眾推轉。山上的見晴台可將鎌倉的市街景致與海面完全納入視野，而境內的茶屋潮音亭甚至可眺望到三浦半島。

也可以去這裡❷

御靈神社

P.141,A4 神奈川縣鎌倉市坂ノ下4-9

御靈神社創建於平安時代，主祭神為武士鎌倉權五郎井政，可祈求學業、事業等成就，氣氛寧靜而嚴肅。御靈神社最負盛名的，就是行駛於神社前方的江之電，只見不少鐵道迷守在鐵道旁捕捉神社與江之電的合影，而這裡同時也是日劇《倒數第二次戀愛》的主要場景之一，吸引許多日劇迷前來朝聖。

長谷駅
步行8分

Café坂の下

P.141,A4 0467-25-7705 神奈川縣鎌倉市坂ノ下21-15 10:00~17:00、週末例假日10:00~18:00(L.O.17:00) 休週一

Café坂の下是鎌倉地區將古民家改建成咖啡廳的先驅店之一，也是《倒數第二次戀愛》等戲劇的拍攝地，所以也吸引許多日劇迷前來朝聖。店內以不同的古董家具擺設創造出充滿魅力的空間，每一區都有不同風貌，各成趣味。

也可以去這裡A

KANNON COFFEE kamakura

P.141,A4 0467-84-7898 神奈川縣鎌倉市長谷3-10-29 10:00~18:00

從名古屋起家的咖啡廳，主打可愛的大佛餅乾，用香軟的可麗餅包起來，加上鮮奶油、小蛋糕與果乾、果醬，嚐一口香甜卻無負擔，是在IG上十分火紅的打卡咖啡廳，店裡滿滿都是慕名前來的女孩兒。

也可以去這裡B

Café Luonto

P.141,A4 0467-53-8417 神奈川縣鎌倉市長谷2-11-21 10:00~18:00 休週二、三

藍白調的可愛木屋外觀，小巧舒適的空間內，最大的魅力便是緊鄰著江之電鐵道邊，邊喝咖啡就能邊欣賞不斷穿越而過的江電風景，而店內咖啡、茶、甜點也都令人讚賞，咖啡豆採用挪威名店Fuglen，及Bellocq紅茶等。

也可以去這裡C

てぬぐいカフェー花屋

P.141,A4 0467-24-9232 神奈川縣鎌倉市坂ノ下18-5 10:30~17:00

隱身在住宅區裡，不起眼的古民房門口擺著小小的招牌，一花屋是間充滿昭和氛圍的古民房咖啡廳。飲品皆採用有機原料，像是神奈川咖啡品牌THE FIVE BEANS的豆子、和歌山的有機紅茶葉等，對環境的用心看得見。

也可以去這裡D

力餅家

P.141,A4 神奈川縣鎌倉市坂の下18-18 9:00~18:00 休週三

元祿時期開始至今的和菓子老舖力餅家，除了招牌的力餅外其實也有其它季節銘菓，但旅人來到這裡大多還是想嚐嚐那香軟Q彈的力餅。力餅家的力餅可分為求肥與麻糬兩種，求肥較香軟，而麻糬則較Q彈。

江之電5分

GOAL

鎌倉

鎌倉駅
步行約10分

鶴岡八幡宮

P.143,B3 神奈川縣鎌倉市雪ノ下2-1-31 5:00~21:00、10~3月6:00~21:00 境內自由參觀

擁有廣大腹地的鶴岡八幡宮，除了是鎌倉象徵，也是歷史與政教中心。1063年開創鎌倉幕府的源賴朝，在權威鼎盛時使其轄內的鶴岡八幡宮威望遠盛過京都任一神社。以典型日本神社建築式樣打造的鶴岡八幡宮目前則是日本的重要文化財。

也可以去這裡❶

明月院

P.143,A1 神奈川縣鎌倉市山ノ內189 9:00~16:00 ¥500

位於北鎌倉的明月院原本只是北条時賴修業佛堂的禪興仰聖禪寺其中一間別院，於室町時代建立，到了明治初期禪寺逐漸荒廢，現以繡球花聞名，參拜的主要石砌道路兩旁與寺院境內栽種近200株，盛開花期交織出一幅多彩的圖畫。

也可以去這裡❷

葉祥明美術館

P.143,A1 神奈川縣鎌倉市山ノ內318-4 10:00~17:00 ¥600

1991年開館的葉祥明美術館本身就是一部立體的繪本，獨棟紅磚的西洋式建築擁有開闊的歐風庭園，為這處充滿傳統和風情緒的地區帶來不同的風彩，十分值得一遊。

鎌倉駅
步行2分

小町通商店街

P.143,A3 神奈川縣鎌倉市小町~雪ノ下

被喻為美食天堂的鎌倉，其中以「小町通り商店街」人潮最多，其商店街自鎌倉駅東口開始自鶴岡八幡宮前近400公尺，街道兩旁聚滿超過250間以上的店家、餐廳、甜點屋、伴手禮店、日式雜貨、咖啡廳等，不管平日或是假日總是人潮洶湧，一路吃吃喝喝逛到鶴岡八幡宮，一點也不覺得遠。

也可以去這裡A

鎌倉野菜工房

P.143,B3 神奈川縣鎌倉市雪ノ下1-8-36 11:00~19:00

「鎌倉野菜工房」的店主從鎌倉的自然山海做發想，以醃漬蔬菜和燻製漁產的方式來保存鎌倉四季的美好豐藏。一瓶瓶小巧圓弧透明玻璃罐裡裝著色彩鮮豔繽紛的季節蔬菜，由於完全不添加任何人工防腐劑，買回後冷藏保存最多兩個月。

也可以去這裡B

Romi-Unie Confiture

P.143,A3 神奈川縣鎌倉市小町2-15-11 10:00~18:00

擺滿牆面的果醬種類多到讓人數不清，全都是五十嵐路美依水果的特性獨家調配，美味不在話下。由於有人希望果醬不搶走麵包的麥香，在這裡也買得到專為塗麵包設計的果醬，每一款的甜度控制得宜，不只更健康也讓美味加分。

也可以去這裡C

鎌倉豐島屋本店

P.143,A4 神奈川縣鎌倉市小町2-11-19 9:00~19:00 休週三

鎌倉豐島屋是從明治27年(1894)就創立的老舖，最有人氣的必買商品是從明治時代就有的鴿子餅乾，以鴿子圖案為特色，沒有化學添加物，僅以奶油製作出香脆濃郁的口味，是最代表在地的伴手禮。

鐵道自由區間 + 設施折扣

下町日和一日券

下町日和きっぷ

只限當天購入使用

一日內自由搭乘京成線都心自由區間列車

由上野出發的京成線，最常被旅人利用的便是機場快線。其實京成電車也連接了東京都心東北部的下町區域，像是古樸的柴又、晴空塔所在押上曳舟一帶，還有愈來愈多文創小店的日暮里、最熱鬧的上野一帶，只要一張票，就能玩出不一樣的東京下町風情。

510円
兒童260円

男人真命苦

《男人真命苦》是1960年代日本知名的電影，至今一共拍了50部，故事中的主角阿寅傳神地演活了一位日本市井小民生活的無奈，牽動了日本全國上下觀眾的心弦，而故事的舞台就是在柴又。柴又車站前面矗立著一座阿寅的紀念銅像，聽說摸著阿寅銅像的左腳許願，美夢就會成真喔！

這樣的你適合用這張票

◎預計前往柴又觀光
◎喜歡下町懷舊風情
◎慾望無窮，想要一口氣看很多景點
◎以上野、日暮里一帶為住宿據點

1天內隨意搭乘京成線都心自由區間列車

能搭乘交通工具

東京Metro地下鐵	都營地下鐵	JR線
X	X	X
京成線普通車	**京成Sky Liner**	**京成特急列車**
○	X	X

使用範圍

京成上野～江戶川、押上～青砥、京成高砂～京成金町為一日自由區間。若從千葉前往，亦可加購來回優惠車票。

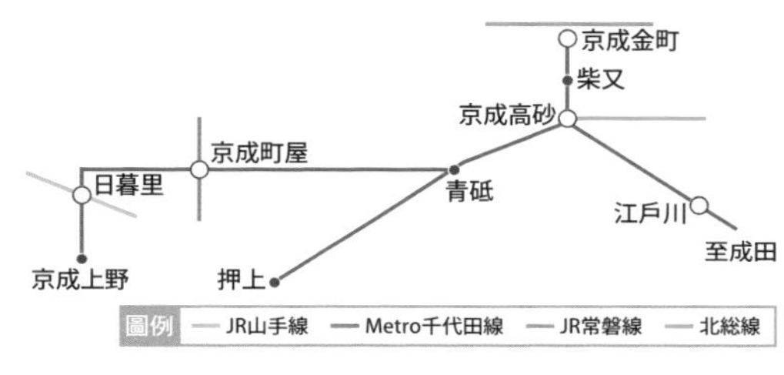

有效期間

1日，只限使用當天購入。

購買地點

京成電車京成線各站的自動售票機。

退票

在票券使用期限內，未經使用的情況下，可在購票點退票。一張需扣除210円手續費。

特典

◎沿線各大景點入場有折扣：国立西洋美術館、 岩崎邸庭園、向島百花園、寅さん記念館&山田洋次博物館、朝倉彫塑館、書道博物館等。

◎沿線店家、餐廳皆有用餐優惠、招待飲料等，詳洽www.keisei.co.jp/keisei/tetudou/ticket/shitamachi

範圍超廣 全都搭！

也可以用其它票券

大東京周遊券／Greater Tokyo Pass

能搭乘東京都心23區的各大私鐵、地下鐵與巴士，但不能搭乘JR線。票券使用期限為連續五天，大人7200円、兒童3600円。(另有只能搭乘鐵路的3日券)→詳見P.138

COURSE #5

START

京成本線 13分

日暮里 → 京成高砂

轉乘京成金町線

新舊交融
老街與巨塔的奇幻旅程

一日玩遍東京下町風情

搭乘京成電車，除了聯絡東京與千葉各地之外，原來在都心部區域竟然這麼好玩！串聯上野、柴又、押上(晴空塔)一帶的京成電車，就像行駛的下町的接駁車一下，就用這張一日券，好好地玩遊這三個區域的下町老街吧！

お得チケット 5 下町日和一日券

坐這麼多趟！

原本1070円

⇓購票只要

510円

使用這張票全程省**560円**

START

8:30	日暮里駅
↓	京成本線轉京成金町線22分
9:00	柴又駅
↓	京成金町線轉京成押上線23分
10:30	京成曳舟駅
↓	京成押上線03分
11:30	押上駅
↓	京成押上線轉京成本線24分
14:30	日暮里駅
↓	京成本線05分
16:00	京成上野駅

GOAL

Check List

沿路必看！

- ☑柴又帝釋天參道
- ☑東京晴空塔
- ☑谷根千找貓貓玩
- ☑上野公園博物館巡禮

Point

讓旅行更順暢的小方法

◎從日暮里到柴又單程270円，光來回就回本。

◎可同時逛上野、日暮里、晴空塔、柴又，深度玩東京的最佳票券。

◎喜歡路面電車的話，可從町屋站下車拍攝都電荒川線。

◎上野的阿美橫丁可安排晚上，購物美食一次搞定。

京成金町線
2分

柴又

京成金町線
2分

京成高砂

轉乘京成本線
／押上線

柴又駅
步行5分

柴又駅
步行3分

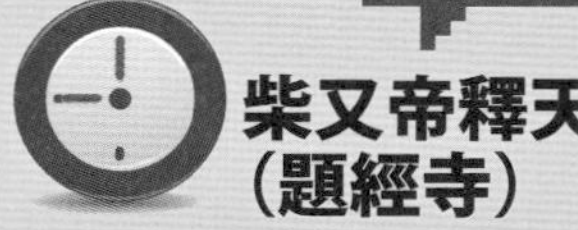

柴又帝釋天（題經寺）

P.144,A1 葛飾區柴又7-10-3
9:00~17:00 $遼溪園（包含帝釋天本堂）￥400

柴又帝釋天是柴又的代表古剎，為日蓮宗供奉帝釋天的一座古老寺廟，別名又稱為「雕刻之寺」，在帝釋天本堂、祖師堂和二天門上飾有法華經故事之浮雕，雕功華美精緻非常值得一看。日式庭園「邃溪園」典雅幽靜，漫步其間十分閑靜舒適。

帝釋天參道

P.144,A1 葛飾區柴又7

江戶時代農家供奉帝釋天的草團子為柴又的名物，所以帝釋天參道上賣草團子的店家也特別的多，除了賣草團子的商店，其他像是關東煮、甘酒、佃煮（用醬油等熬煮的下飯小菜）、葛餅、鹽煎餅、鰻魚飯等傳統店家將帝釋天參道襯托的熱鬧極了，在日本人的心目中，柴又可是個不輸給淺草的熱門觀光地喔。

也可以去這裡A

川千家

P.144,A1 葛飾區柴又 7-6-16 11:00~19:00

川千家是柴又帝釋天參道上有250年歷史的鰻魚料理老舖，對於食材十分講究，像是招牌鰻魚飯使用水質純淨的靜岡縣所生產的鰻魚，再用家傳的秘製醬汁慢火炭烤，火候的掌控一絲一毫都馬虎不得，精心製做出來的鰻魚飯果然香氣逼人、入口即化。

也可以去這裡B

高木屋老舖

P.144,A1 葛飾區柴又 7-7-4
03-3657-4151
9:00~17:00

高木屋使用北海道十勝產的一級紅豆和特上米做出的草團子，品質和味道自然是無可挑剔。除了草團子之外，還有賣香噴噴的烤團子以及海苔團子，此外也有賣一些日本的傳統家常美食，如紅豆飯、茶泡飯、關東煮、葛餅等。

也可以去這裡C

矢切の渡し

P.144,B1 葛飾區柴又江戶川河堤邊 10:00~16:00。12月~3月僅週末、例假日營運，1/1~1/7、帝釋天緣日營運 休雨天及枯水期 $單程￥200

矢切の渡し是江戶川上唯一僅有的手搖船，連接柴又到對岸的矢切市，船夫操著船櫓「咿呀~咿呀~」的划過川面，驚起了岸邊蘆葦叢裡的野鳥，河堤的風兒吹散了髮絲，勾起了每個人心中久遠的回憶。

京成本線
2分

京成押上線
3分

京成曳舟

京成曳舟駅
步行10分

鳩の街通り商店街

P.153,C1 墨田區東向島5丁目

從曳舟車站沿著水戶街道西行，走沒多久，就會遇到鳩の街通り商店街。拐個彎，從車水馬龍的大道上穿入了粉紅色拱門，彷彿進入了另一個恬靜的世界中；經過商店街的再生計劃，現在這裡不只保有逃過戰火的長屋建築，更有由老屋改建而成的咖啡廳、廢棄舊公寓新生的商店街直營商店等，隱藏版的下町散步就濃縮在這裡，等著人們前來探訪。

也可以去這裡

こぐま

P.153,C1 墨田區東向島1-23-14 03-3610-0675 11:30~18:30 休 週二、三

改建自昭和2年的古藥局，小熊咖啡室內空間使用大量木頭，連桌椅也是小學、中學的課桌椅，不只充滿懷舊感，愛書的主人特地整理了個書架，藏有800冊的各類圖書，不只是三五好友小聚的地方，也很適合一個人來這裡發呆、讀書、品嚐下町的懷舊美味。

轉乘京成本線

押上駅
出站即達

東京晴空塔

P.153,B3 墨田區押上1-1-2 展望台10:00~21:00(週末例假日9:00~22:00)，TOKYO Solamachi10:00~21:00(一部份設施時間不一樣) www.tokyo-skytree.jp

晴空塔標高634公尺的自立式電波塔取代了東京鐵塔，成為世界的新高度，從此也成為了代表東京的新地標。晴空塔以「TOKYO SKYTREE TOWN」為構想，除了晴空塔本身之外，這裡更有三百多間店鋪與美食聚集、包含天文台、高空夜景餐廳等多重娛樂，是旅人到東京必朝聖的歡樂地。

也可以去這裡A

晴空塔展望台

P.153,B3 東京晴空塔城內 10:00~21:00(週末例假日9:00~22:00) 第一展望台「天望Deck」大人¥2100(假日¥2300)、第二展望台「天望回廊」大人¥1000(假日¥1100)；「天望Deck+天望回廊」大人¥3100(假日¥3400)。預售票有優惠價，另有高中~中學、小學生票種 www.tokyo-skytree.jp/ 可在當地7-11購票機台預購票券

第一展望台「天望Deck」分為三層：340樓、345樓與350樓，有景色優美的展望咖啡以及浪漫夜景餐廳。而第二展望台「天望回廊」則有能繞塔一周的360度空中迴廊，連接445樓與450樓，能在天空下感受零距離的魄力景致。

也可以去這裡B

TOKYO Solamachi

P.153,B3 東京晴空塔城內 購物10:00~21:00，餐廳11:00~23:00 www.tokyo-solamachi.jp/

命名為 TOKYO Solamachi 的商場，範圍共7層樓、52000平方公尺，囊括美食街、餐廳、在地銘菓，還有來自日本全國的地方食區域「JAPANESE SLOW FOOD」，以及以東京下町美食為主的「江戶東京．味與技」。

京成本線
11分

日暮里

京成本線
5分

日暮里駅
步行3分

谷中銀座

P.145,A1 台東區谷中～西日暮里一帶

谷中銀座是一條富有活力的古老商店街，兩旁賣店各自吆喝聲感受到下町的熱情活力！店家建築都很小巧、毗鄰而立，除了蔬果店、麵包店、生活雜貨、便宜衣服、木屐鞋襪等民生用品的之外，還有許多很有意思的特色小店，平凡中帶有老街獨有的氛圍。

也可以去這裡A

ひみつ堂

P.145,A1 台東區谷中3-11-18 03-3824-4132 8:00~18:00 休週一、二

一到夏季必定有的刨冰風潮，提供各式刨冰的小舖也紛紛成立，其中最受到注目的谷中ひみつ堂門前總是有長長人龍，想吃上一碗，光是排隊等候的時間就要1~5小時！店內Menu分為夏季與冬季兩種，夏天只提供刨冰，但冬天除了刨冰外也提供自家製焗烤料理，能讓身體暖呼呼。

也可以去這裡B

やなかしっぽや

P.145,A1 台東區谷中3-11-12 03-3822-9517 10:00~19:00

以貓咪尾巴作為造型，使用三重產的麵粉、北海道以及奄美諸島產的砂糖，製成單純質樸的好味道；店內常備口味約13~14種，其中以名為「とら」的虎斑貓尾巴最受歡迎，黑巧克力與白巧克力碎片融合苦甜滋味，讓人一嚐就上癮。

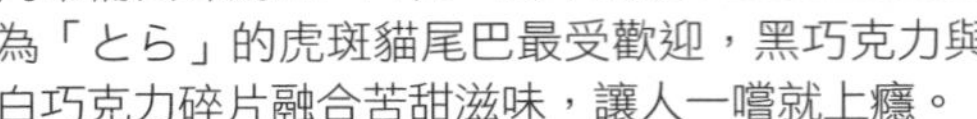

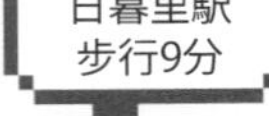

日暮里駅
步行9分

カヤバ珈琲

P.145,B2 台東區谷中6-1-29 03-3823-3545 8:00~18:00 kayaba-coffee.com

位在谷中與上野堺限之上的カヤバ珈琲，從外觀看來一棟古樸的日式兩層樓建築，彷彿時光在此凝結。建議可以點份復刻版的雞蛋三明治，溫熱的烤吐司夾著厚實鬆軟的炒蛋，一口咬下香嫩滑口，原來昭和的老味道當屬這一味。

也可以去這裡

HAGISO

P.145,A1 03-5832-9808 台東區谷中3-10-25 8:00~10:30、12:00~20:00 hagiso.jp/

HAGISO由木造老公寓「萩荘」轉型，改造成現在看見的黑色外觀；一樓有咖啡、展覽室，不只有靜態的展覽，偶爾也能看見舞蹈發表、電影首映等活動。二樓則是進駐了設計事務所、美容室等。

GOAL

京成上野

京成上野駅
出站即達

京成上野駅
步行1分

上野公園

P.145,B2-B4 台東區上野公園

上野恩賜公園是東京都內最大的公園，境內有廣大的公園綠地、不忍池，還有上野動物園、美術館和博物館各種藝文設施，甚至還有幾處頗具歷史的神社小堂。以染井吉野櫻為主的櫻樹多達1200株，混合著其它品種不同的櫻花，上野的賞櫻期竟長達近兩個月。從2月上旬的寒櫻開始，緊接著大寒櫻、寒緋櫻、枝垂櫻到染井吉野櫻，而夏日的荷花、秋季紅葉和冬天庭園內少見的冬牡丹等，都讓公園更添四季風情。

也可以去這裡

東京國立博物館

P.145,B2 台東區上野公園13-9 9:30~17:00(入館~16:30) 休週一(遇假日順延)，年末年始 常設展¥1000 www.tnm.jp

擁有本館、東洋館、表慶館、平成館與法隆寺寶物館等5個分館的東京國立博物館是上野公園內佔地最大，同時也是日本歷史最悠久的博物館。館內收藏品以藝術和考古文物為主要對象，更多的是日本美術，展示了解日本的藝術甚至是文化脈絡。

阿美橫丁

P.145,B4 台東區上野6丁目

由上野車站南側的高架鐵軌橋下一路延伸到御徒町的阿美橫丁，據說名字源自America的縮寫，早期以販賣美軍二手商品出名。現在的阿美橫丁沿路上有各種乾貨藥材、蔬果餅乾進口食品、還有以年輕人為主的流行服飾、鞋店以及早年留下來的軍用品店等，商品以平價為號召，充滿熱鬧滾滾的庶民情調。

也可以去這裡A

やきとり文楽

P.145,B4 台東區上野6-12-1 JR高架下 14:00~23:00、週六、日12:00~22:00

やきとり文樂賣的就是最大眾化的烤雞肉串，便宜的價格加上無敵的燒烤香氣，總吸引許多上班族一下班就來報到，路邊攤的屋台形式，更是讓所有人都很容易融入飲酒歡樂的氣氛中，和鄰座的顧客很快就打成一片。

也可以去這裡B

大統領

P.145,B4 台東區上野6-10-14 10:00~24:00

大統領是高架橋下極有人氣的小攤之一。店裡的菜單是典型的居酒屋菜單，各種串燒、泡菜、小料理配上日本酒、威士忌或啤酒，招牌的則是創業以來的老菜單——馬腸內臟燉煮。

只限當天購入使用

一天內隨意搭乘百合海鷗號全線

百合海鷗號一日券

ゆりかもめ一日乗車券

820円

兒童410円

百合海鷗號，是連結台場與東京都心的交通手段，高架的電車馳騁在海灣地帶，一邊欣賞美麗風景一邊前往台場，是東京旅行的首選觀光行程。想要一口氣玩遍台場景點，就不能缺少這張一日券，百合海鷗號全線乘降自由，就算坐過頭也不怕。

自由女神像

你以為世界上只有一座自由女神像在紐約嗎？那就錯了，在台場這裡也有一座自由女神像。這座自由女神像是按照法國巴黎的自由女神像等比例打造，在平成10年(1998年)時做為期1年的展示，但因為大受好評而常設在台場這裡，也成了大家來這裡拍照留念的景點。

這樣的你適合用這張票

◎想要到台場一日遊
◎不善於規劃轉車行程，想要一條線玩到底
◎喜愛室內行程、百貨、展覽與美食購物
◎帶小孩玩東京的親子遊行程

1天內隨意搭乘百合海鷗號

能搭乘交通工具

東京Metro地下鐵	臨海線
X	X
百合海鷗號	**JR線**
○	X

汐留 新橋 台場 お台場海浜公園 有明テニスの森 豐洲 青海 有明

圖例 — 都營大江戶線 — JR山手線 — Metro有楽町線 — りんかい線

使用範圍
能在一日內自由搭乘百合海鷗號全線

有效期間
1日
*分為前賣券與當日券，前賣券在售出後的6個月內有效，當日券則限購買當日使用，逾期作廢。

購買地點
百合海鷗號全線各站的自動售票機購入。
*若要購買大量一日券，則需至新橋、豐洲兩站的站長室(駅長事務室)購入。

退票
在票券使用期限內，未經使用的情況下，可在購票點退票。一張需扣除220円手續費。

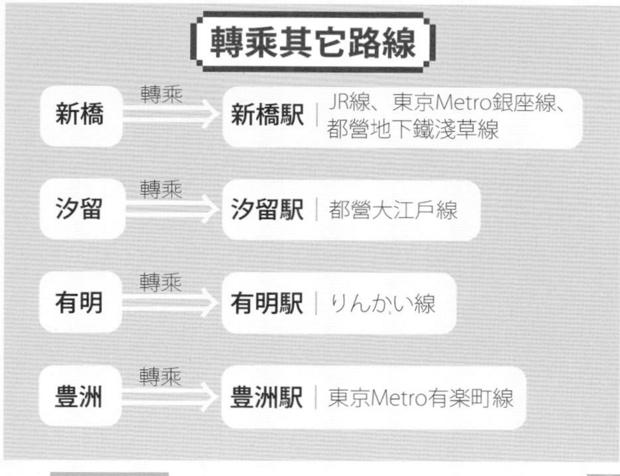

也可以用其它票券

範圍更小！

台場有明快遊券／お台場－有明快遊パス
比百合海鷗號能用的範圍較小，但包含了台場～有明之間的8站能在1日內無限次搭乘，台場精華區域一口氣全玩完。大人500円、兒童250円。

只搭臨海線！

臨海線一日券／りんかい線が乗り放題
臨海線全線一日自由乘降。由大崎一路經過台場，通向新木場，讓都心至台場的交通更便捷。出示票券，在台場18設施還有入場優惠或消費折價券。大人730円、兒童370円。

範圍超廣全都搭！

大東京周遊券／Greater Tokyo Pass
能搭乘東京都心23區的各大私鐵、地下鐵與巴士，但不能搭乘JR線。票券使用期限為連續五天，大人7200円、兒童3600円。(另有只能搭乘鐵路的3日券)→詳見P.138

START

百合海鷗號
29分

新橋

COURSE #6

隨著海鷗飛翔至約會聖地
白天風光與美麗夜景盡收眼底

東京港區台場旅行

從JR新橋駅搭乘百合海鷗號到台場駅約15分，是前往台場最為快速方便的電車路線，沿線有景點可下車遊逛的車站包括：汐留駅、お台場海浜公園駅、台場駅、東京国際クルーズターミナル駅、テレコムセンター駅、青海駅、東京ビッグサイト駅、豊洲駅。

お得チケット 6 百合海鷗號一日券

坐這麼多趟！

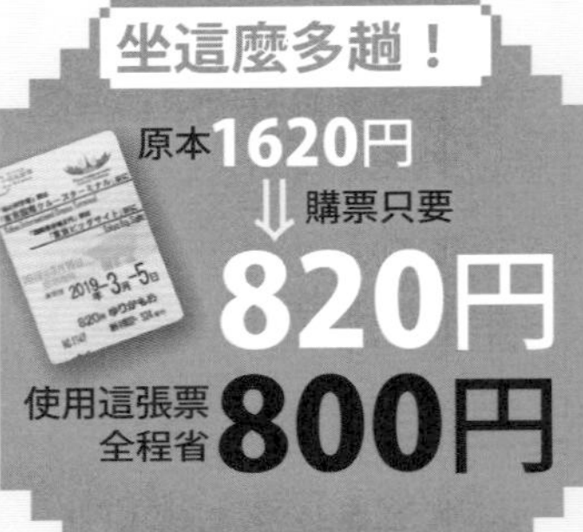

原本1620円
⇓ 購票只要
820円
使用這張票全程省800円

©創通・サンライズ

START

9:00	新橋駅
↓	百合海鷗號29分
9:30	市場前駅
↓	百合海鷗號5分
11:00	東京ビッグサイト駅
↓	百合海鷗號6分
12:30	東京国際クルーズターミナル駅
↓	百合海鷗號2分
13:30	お台場駅
↓	百合海鷗號2分
20:15	お台場海浜公園駅
↓	百合海鷗號12分
21:00	汐留駅

GOAL

Check List

沿路必看！必吃！

- ☑彩虹大橋
- ☑獨角獸鋼彈立像
- ☑富士電視台展望台
- ☑世界第一鬆餅Bills
- ☑自由女神像

Point

讓旅行更順暢的小方法

◎由全電腦自動控制無人駕駛列車，到站自動停靠。

◎許多適合親子遊的展館都可以免費入場，不妨加入行程。

◎全年有大大小小的展在東京國際展示場TOKYO BIG SIGHT展出，若怕人太擠可以避開有展覽的時間。

百合海鷗號
5分

市場前

東京ビッグサイト

市場前駅
步行1分(直結)

豐洲市場

P.144,B3 江東區豐洲6-6-1 參觀5:00~15:00；餐飲&商店~15:00左右 休週日、國定假日及休市日

豐洲市場位在百合海鷗號路線上的市場前駅下車即達，比築地市場大上2倍的豐洲市場，總共分成三大棟建築，分別是：「海鮮批發大樓」、「海鮮仲介批發大樓」以及「蔬果批發大樓」，原本位於築地場內市場的近40家名店餐飲也跟著搬遷過來。可看見批發過程外，也有許多美食與購物店家待你挖掘。

東京ビッグサイト駅步行5分

TOKYO BIG SIGHT 國際展示場

P.144,B3 江東區有明3-21-1 www.bigsight.jp

呈倒三角錐造型的TOKYO BIG SIGHT，是個超大型的國際會議中心兼展覽會場，全館總面積23萬平方公尺，經常舉辦各式大型展覽，如漫畫展，甚至瘋狂熱鬧的演唱會。也是日劇《電車男》中主角費盡千辛萬苦想要進入的展覽會場。

也可以去這裡

炸豬排八千代

水產卸売場棟&行政大樓3F
7:00~13:30，週六~14:00

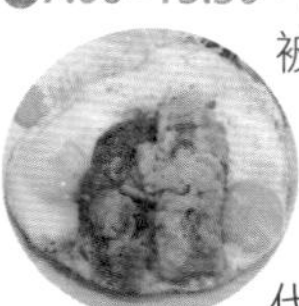

被喻為「築地場內市場最好吃的炸物」！八千代主打海鮮炸物，像是牡蠣、明蝦、星鰻、扇貝等都能入菜。菜單皆為定食套餐，附有漬物、白飯及味噌湯。

東京ビッグサイト駅步行8分

水的科學館

P.144,B2 江東區有明3-1-8 9:30~17:00 休週一 免費

來到位在台場旁的水的科學館，就能輕鬆了解水資源的各種小知識。全館以水為主題貫穿，軟硬體皆設計得很不錯，不但是東京人假日攜家帶眷、能夠寓教於樂，同時也是帶領人們認識水資源，進而珍惜水資源的第一步。

也可以去這裡

AQUA TURE

水的科學館B1
每日時間不定，可於造訪時先詢問櫃台。

位在水的科學館地下，是現在仍在運作中的「有明給水所」，跟著解說人員一同深入地下，了解都市中的水是如何供給，也能親眼看到實際的運作情形。

百合海鷗號
6分

東京国際クルーズターミナル

百合海鷗號
2分

東京国際クルーズ
ターミナル駅步行1分

船の科学館

P.144,A3 東京都品川區東八潮3-1 10:00~16:00 休週一 $免費

船的科學館於1974年完工，特殊的郵輪型建築，遠看彷彿一艘大船停泊港口，近看更是壯觀。如今因建築老舊，以原本賣店改建的迷你展覽以日本海權、船體結構等為中心，有簡單的展示；來到戶外，南極觀測船「宗谷」正張開雙臂，歡迎登船一同前往南極的探險美夢，這也是船的科學館最吸引人的部分。

お台場駅
步行5分

富士電視台 球體展望室はちたま

P.144,A2 富士電視台25F 10:00~18:00(售票~17:00、入場~17:30) 休週一(遇假日順延) $￥1200

從外觀看起來一顆巨大的銀色大圓球高掛在方形的建築上，這就是富士電視台的球體展望室。登上球體展望室居高臨下，可以將東京市區一覽無遺，而臨近彩虹橋的景色更是一絕，建議可以抽空上來遠眺美景。

也可以去這裡A

CHUGGINGTON SHOP

富士電視台1F 10:00~18:00 www.chuggington.jp

英國人氣擬人化的火車寶寶故事CHUGGINGTON(恰恰小火車)，在全世界有好多喜歡他的小朋友，富士電視台除了播出外，也在1樓開設世界唯一的一家主題商品店鋪。店內除了有許多相關商品、玩具可以購買外，也有繪本書籍及特別規劃的火車鐵道遊戲區。

也可以去這裡B

Sazae San SHOP

富士電視台1F 10:00~18:00

從1947年發表至今，海螺小姐(サザエさん)可說是日本幾乎人人皆知、堪稱最長壽的也廣受歡迎的國民動漫代表之一。因此這裡也以海螺小姐這個漫畫角色及周邊人物為主題，開設了全日本唯一的主題商品店，有各式以角色人物開發的甜點餅乾及各式實用小物。

DiverCity Tokyo Plaza

P.144,A2 江東區青海1-1-10 商店11:00~20:00，餐廳11:00~23:00 www.divercity-tokyo.com

DiverCity Tokyo Plaza內有超過150間店進駐，除了集結海外知名品牌、國內休閒品牌之外，匯集了13家美味餐飲的美食區也是一大焦點，容納約700個座位的規模傲視全台場。逛累了就到2樓正門前方的Festival廣場轉換一下心情吧，一天有多次表演(其中只有晚上才有光雕秀)可欣賞，吃喝玩樂全得到最大的滿足。

©創通・サンライズ

也可以去這裡C

AQUA CITY

P.144,A2 港區台場1-7-1 商店11:00~21:00，餐廳11:00~23:00 www.aquacity.jp

集合約50間餐廳、70家商店的大型購物中心。AQUA CITY面臨台場海濱公園，擁有最佳的視野，尤其華燈初上時，可以選家海景餐廳享用晚餐，欣賞彩虹大橋璀璨的燈光，或是到旁邊的夢之大橋走走，享受最浪漫的一夜。

也可以去這裡D

DECKS Tokyo Beach

P.144,B2 港區台場1-6-1 www.odaiba-decks.com

DECKS結合海島商場(アイランドモール)、濱海商場(シーサイドモール)、東京JOYPOLIS三大購物中心，以休閒為主題，有許多趣味小店。商場內除了台場少不了的觀海餐廳，還加入新鮮的特色來吸引遊客注意，例如充滿懷舊氣氛的台場一丁目、樂高樂園、東京杜莎夫人蠟像館等。

彩虹大橋

P.144,B2 區芝浦與台場之間

連結東京都港區與台場的彩虹大橋，是台場的代表，也是多部日劇的拍攝場景。彩虹大橋每到晚上就點打上單色燈光，但也有過幾次是配合活動(如跨年)打上璀璨的彩色燈光，使其成為名符其實的彩虹大橋。可以在お台場海浜公園輕鬆欣賞，而公園內的自由女神像，也是具代表景點。

京王電車出發～高尾山口來回車票 ＋ 高尾山登山纜車票

高尾山折扣乘車券

高尾山きっぷ

只限當天購入使用

造訪高尾山的來回套票

從新宿出發
1390円
兒童700円
若登山纜車選擇單程
則新宿出發1030円
兒童520円

【ご案內】㊎高尾山きっぷ

㊎高尾山きっぷ
新　宿 ➡ 高尾山口
有効日 2014年-9月-7日
ゆき

高尾山ケーブルカー又はリフト割引片道乗車券
有効日 2014年-9月-7日
片道券

㊎高尾山きっぷ
高尾山口 ➡ 新　宿
有効日 2014年-9月-7日
かえり
発売金額1020円

高尾山是東京都內十分知名的聖域，從都心前往，搭乘京王電鐵十分方便，而且配合這張套票，不但包含來回程車票與上下山的纜車來回票，車資直接打8折，整天行程只要靠這套票就暢行無阻。

這樣的你適合用這張票

◎住在京王線沿線，預計前往高尾山朝聖
◎要搭乘高尾山纜車上山
◎想一次把票買好，省麻煩的人
◎搞不懂繁雜交通的人

造訪高野山的來回套票

能搭乘交通工具

東京Metro地下鐵	都營地下鐵	JR線
X	X	X
京王線	**京王井之頭線**	**高尾山纜車**
○*	○*	○

○*來回票各一張，途中下車無效

使用範圍

京王京王線、井之頭線沿線出發站至高尾山口來回車票、高尾山纜車來回(套票也可選買纜車單程)。

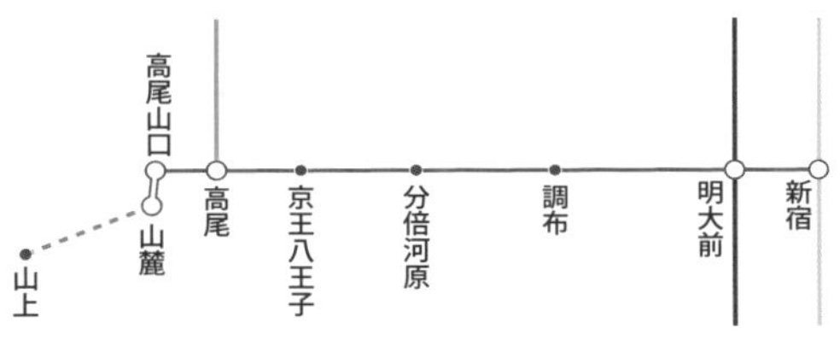

圖例 — JR山手線 — 京王井之頭線 — JR中央線 - - 登山纜車

有效期間

1日

*限購入當天使用。

購買地點

京王線、井之頭沿線各站的自動售票機 (高尾山口駅除外) 。

*在自動售票機一次最多只能買3人份，若要購入多人車票請重復操作機器。

退票

在票券使用期限內，未經使用的情況下，可在購票點退票。一張需扣除130円手續費。

其它

購買來回票券分為4張，每張都在不同時候使用，必需要保管好，遺失不補發。

1. 高尾山きっぷ：主要票券，並不使用。

2. 去程車票：從東京出發時使用

3. 纜車往返券/單程券：纜車or吊車的使用券，下山時收回。

*若因為高尾山登山纜車維修、客滿無法載客時，務必向站務員索取「不乘証明」，回到原購票車站退票。

4. 回程車票：從高尾山回東京時使用。

轉乘其它路線

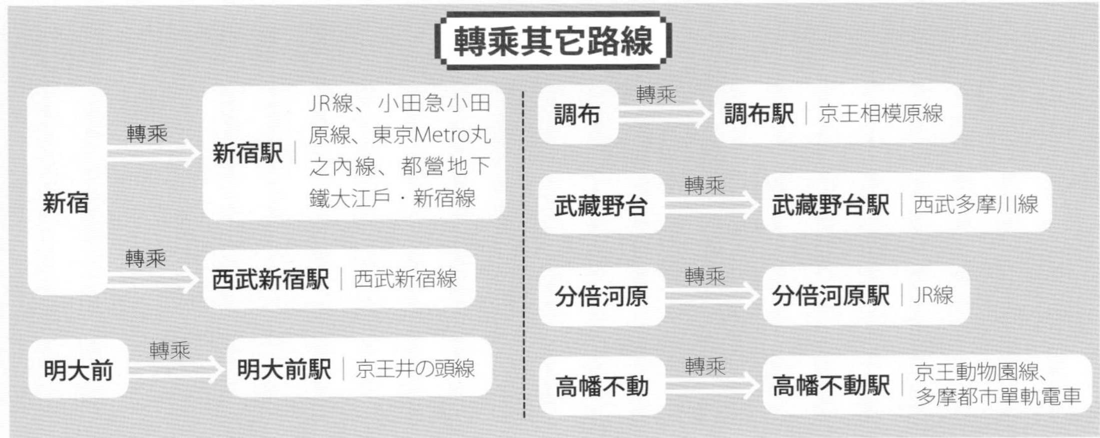

京王全線搭乘！

也可以用其它票券

京王一日乘車券／京王線・井の頭線一日乘車券

能夠在一日之內無限次搭乘京王電鐵京王線、井之頭線全線列車的特惠車票。從新宿或澀谷出發的人很建議可以買，在山手線以西的東京西半圈做一日遊覽。大人900円、兒童450円。

範圍超廣全都搭！

大東京周遊券／Greater Tokyo Pass

能搭乘東京都心23區的各大私鐵、地下鐵與巴士，但不能搭乘JR線。票券使用期限為連續五天，大人7200円、兒童3600円。(另有只能搭乘鐵路的3日券)→詳見P.138

COURSE #7

START 京王線55分 新宿

郊山健行
遠離都心朝聖之路

高尾山日歸一日行

高尾山位於東京八王子市內，標高599公尺，被喻為神聖宗教之境，山林景致美麗更以秋季的滿山楓紅成為東京的紅葉名所；由於離東京都心只要一個小時的車程，而位在山腰的藥王院是高尾山的精神象徵，不只楓紅迷人，美麗四季景色也成為東京近郊最受歡迎的日歸觀光名所。

お得チケット 7 高尾山折扣乘車券

坐這麼多趟！

原本1810円
⇓購票只要
1390円
使用這張票全程省**420円**

START

10:00	新宿駅
↓	京王線55分
11:00	高尾山口駅
↓	高尾山纜車06分
12:30	高尾山上
↓	高尾山纜車06分
19:00	高尾山口駅
↓	京王線55分
20:00	新宿駅

GOAL

Check List

沿路必看！必吃！

- ☑藥王院
- ☑天狗傳說
- ☑泡溫泉
- ☑森林深呼吸
- ☑精進料理

Point

讓旅行更順暢的小方法

◎票價為一般車票的8折！

◎高尾山的登山纜車可分為列車式與吊椅式兩種，去回可選同一種，也可以各坐一次。

◎登山纜車來回就要950円，如果是來登山健行，不搭纜車的話，就不需要買這張票。

◎天晴時，高尾山頂是遠眺富士山的名場所！每年冬至前後的黃昏(約16:30前後)還有機會看到「鑽石富士」絕景。

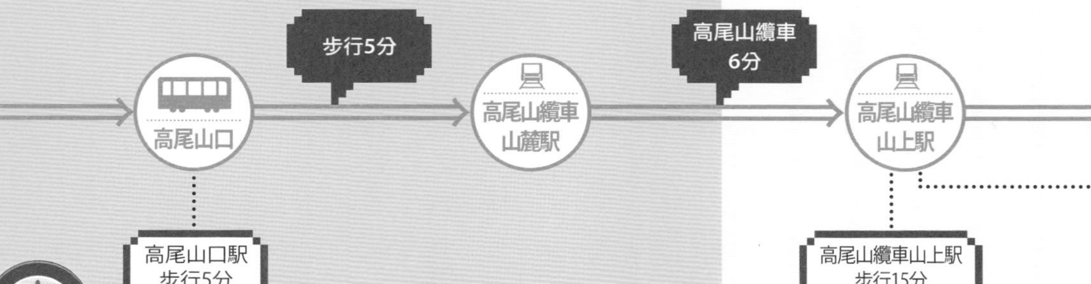

TAKAO 599 Museum

P.146,A1 八王子市高尾町2435 4~11月8:00~17:00，12~3月8:00~16:00 免費

高尾山標599公尺並不算高，但這裡可是世界上最多人造訪的一座山，具有深厚人文與豐富的動植物生態。極簡空間中展示高尾山上的棲息生物，用樹脂保存起來的鮮花、昆蟲標本等還不夠看，最有趣的是NATURE WALL上以山毛櫸為中心，在四周綴上森林動物標本，定時的光雕投影秀帶出高尾山的四季之美，讓人嘆為觀止。

大本坊 精進料理

P.146,A1 八王子市高尾町2177 042-661-1115
天狗膳￥3300，高尾膳￥4400 需事先電話預約

藥王院境內「大本坊」只提供午餐時段的精進料理，僧人修行時必須清淨口慾，由純素簡樸的粥品、燉煮山菜等料理演變而來的精進料理，是僧人的待客之禮，亦是日本懷石料理的原型。來到高尾山，絕對不能錯過不使用肉、魚等葷食、只以當地季節山蔬烹調的美味素食料理。

高尾山纜車
6分

高尾山纜車山上駅
步行10分

高尾山薬王院

P.146,A1 八王子市高尾町2177 自由參拜 www.takaosan.or.jp

高尾山自古便是修驗道的靈山聖地，本尊飯繩大権現是不動明王的化身，藉由兇惡的表相來勸導世人向善；人們亦將對自然的崇敬化為天狗意象，寺前兩尊天狗更成為這裡的象徵，同時也是不動明王的隨護，傳說更具有開運除厄的能力。

也可以去這裡

高尾山猴園／野草園

P.146,A1 八王子市高尾町2179 3~4月10:00~16:30，5~11月9:30~16:30，12~2月9:30~16:00 ￥500

高尾山猴園／野草園便位在登山纜車口步行至藥王院的途中，園內分為兩區，一區是高尾山上生息的300多種各式植物，四季折衷風景宜人，另一區則是大人小孩都喜歡的猴園。

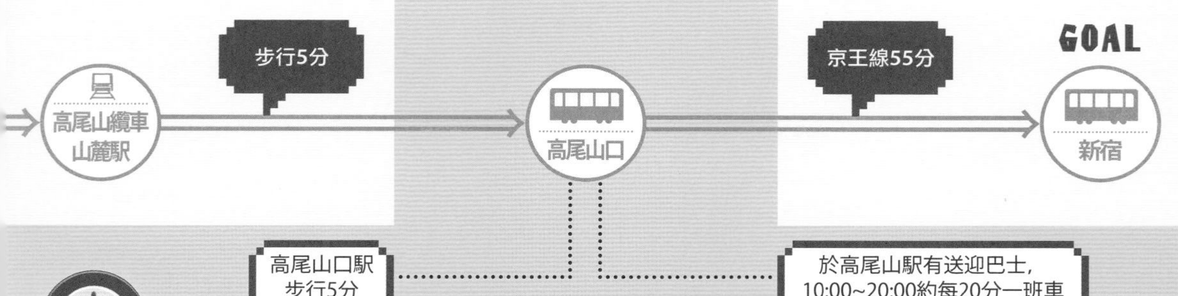

京王高尾山溫泉 極樂湯

P.146,A1 八王子市高尾町2229-7 8:00~22:45 ￥1100 www.takaosan-onsen.jp

在高尾山走了一天，下山後泡個溫泉多舒服！由地下1000公尺湧出的溫泉呈現微微的淡白色，又有美肌之湯的稱號，玩完高尾山，不妨先預留一個小時，來到這裡洗浴一身疲勞，再繼續下一趟旅程。

也可以去這裡

Trick Art Museum

P.146,A1 八王子市高尾町1786 4~11月10:00~18:00，12~3月10:00~18:00 休週四 ￥1400 www.trickart.jp

明明是一幅畫，但因為角度、陰影的關係，讓畫中人物像是立體實物走出畫框般不可思議，這正是Trick Art的魅力所在。高尾山Trick Art Museum於1996年開幕至今，吸引不少人前來參觀，館中分為兩層樓，樓下以迷宮方式讓人在Trick Art的世界中穿梭。

うかい鳥山

P.146,A1 八王子市南浅川町3426 042-661-0739 11:30~15:00L.O.、17:00~21:30(19:00 L.O.)；週末例假日11:00~21:00(19:00 L.O.) 休週二、年末年始

原本鳥山專賣雞肉料理，因顧客希望也能品嚐牛肉的美味，而在雞肉套餐中加入牛排，讓人能一次品嚐兩種美味。其中，套餐前菜的核桃豆腐經過燒烤而形成外硬內柔嫩的奇妙口感，嚐來新鮮有趣；肉類則以囲炉裏的炭火烤得表皮香脆、肉嫩多汁，不但吃得出食材的新鮮，更能嚐到料理手法的純熟。

小田急線出發～箱根湯本來回車票 + 設施折扣

鐵道+巴士自由區間

箱根周遊券

箱根フリーパス

2日／3日內自由搭乘箱根區域內的8種交通工具

2日 **6100円** 兒童1100円

3日 **6500円** 兒童1350円

小田急電鉄 箱根ロープウェイ 箱根登山バス
箱根登山鉄道 箱根観光船 小田急箱根高速バス 沼津登山東海バス
船
Shinjuku
新宿 から
"Hakone Freepass"
箱根フリーパス
Valid from 2014.12.30から
to 2014.12.31まで有効
1203095605121030005016
運賃 5,140円 2014.12.-3 T新宿南口01発行
0514

箱根周遊券，可說是「一券到底」箱根旅行護照，可以無限次搭乘串聯箱根的8種交通工具。由於箱根的交通，與一般相比單價都比較貴一些，搭配這張票券遊玩是最省錢的方式，沿路各大景點都有入場折扣，東省西省卻又玩透透，才是最聰明的選擇！

認明標誌

箱根交通種類複雜，大概搞懂了，但還是怕坐到不能坐的交通工具嗎？在箱根區域裡，只要上車前認明這個標誌，通通沒問題！

這樣的你適合用這張票

◎規劃箱根地區2天1夜行程
◎行程中會坐到箱根海賊船、空中纜車等交通工具
◎旅行交通範圍大
◎覺得分段買票很麻煩，想一張票走透透的人

箱根1泊2日／2泊3日　區間交通隨意搭乘

能搭乘交通工具

箱根登山電車	箱根登山纜車	箱根空中纜車	箱根海賊船	小田急線
○	○	○	○	Δ*
箱根登山巴士（區間）	**小田急箱根高速巴士（區間）**	**東海巴士Orange Shuttle(區間)**	**觀光景點巡遊巴士**	**伊豆箱根巴士**
○	○	○	○	X

Δ*小田急線為來回車票，非自由區間。搭乘浪漫特快需另付特急費，新宿→箱根湯本1200円。

使用範圍

箱根區域內的8種交通工具自由搭乘。亦可搭配小田急沿線出發站至箱根湯本的優惠車票。

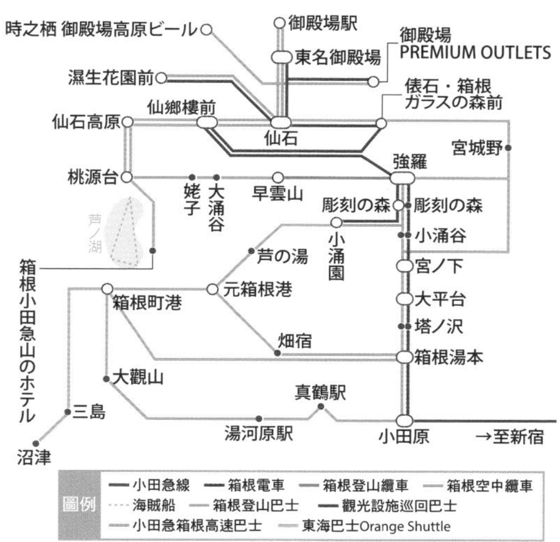

有效期間

2日／3日

*最早30天前可預購，自動售票機只限使用當天購入。

購買地點

小田急線各站自動售票機、窗口、小田急旅行中心、箱根周邊主要大站、箱根登山鐵道各大站、箱根登山巴士案內所等。另外透過7-11及EMot App也能輕鬆購入。

退票

在票券使用期限內，未經使用的情況下，可在購票點退票。一張需扣除220円手續費。

*若是在使用期間，因為天候、臨時運休等因素而沒搭到某一項交通工具，可在旅行結束後在小田急的車站申請退還一部分費用。

特典

◎全區間共有間70設施提供入場門票折扣。

◎箱根強羅公園免費入園。

◎湯根湯本駅出示票券，享行李寄送服務折扣100円。

◎若是購買由新宿出發的箱根周遊券，出示票券購買「新宿～東名御殿場間」的小田急箱根高速巴士，原價單程1710円，特價1000円。

其它

◎這張車票包含小田急小田原線沿線出發地點至小田原駅的來回車票，依起點的價格有所不同。從新宿出發6100円／2日、6500円／3日，從小田原出發5000円／2日、5400円／3日。

◎搭乘小田急箱根高速巴士時，以購買指定車票的乘客為優先，若是客滿，持周遊券的旅客只能乘坐下一班車。

也可以用其它票券

觀光必備！

海賊船 空中纜車一日券／海賊船 ロープウェイ1日きっぷ

當天可任意乘坐海賊船和箱根空中纜車(箱根ロープウェイ)，強羅公園等幾處景點也有入場優惠。大人4000円、兒童980円。(另有2日券，大人4500円、兒童980円)。

箱根電車一日！

箱根登山電車一日券／箱根登山電車1日乘車券「のんびりきっぷ」

當天可任意乘坐從小田原～強羅駅的箱根登山電車，並可免費進入強羅公園及享其他設施入園優惠等。(不能乘坐強羅駅～早雲山駅的箱根登山纜車(箱根ケーブルカー))。大人1580円、兒童500円。

COURSE # 8

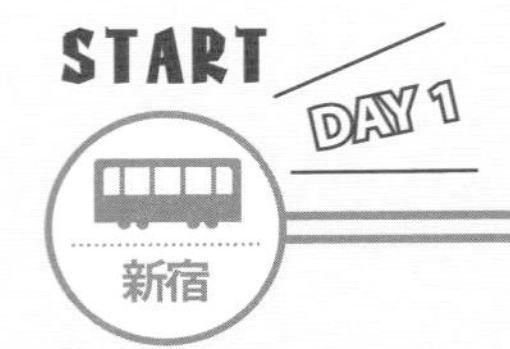

搭乘「小田急浪漫特快」要加￥1200

花開燦爛山中風情畫
擁抱世界名匠雕塑巨作

每個地方都想去，箱根完全制霸

很少有一個地方，可以因為交通動線而成為一個主題旅遊，但在箱根，光是領略此地的交通工具就有很大的旅遊樂趣了！從東京出發只當天往返就太可惜了！買張周遊券，讓箱根的名山大湖、和風溫泉來作陪。

お得チケット 8 箱根周遊券

坐這麼多趟！

原本10560円
⇓ 購票只要
6100円

使用這張票全程省 4460円

Check List

沿路必看！

- ☑8種交通工具搭乘成就
- ☑芦ノ湖坐海賊船
- ☑箱根神社
- ☑仙石原賞美術館
- ☑遠眺富士山

Point

讓旅行更順暢的小方法

◎在箱根的自由區間外，雖說小田急小田原線往返車票只限去一趟、回程一趟，但並無限制不能途中下車，如果途中想下車觀光，則可走人工通道出示票券。

◎每年6月至7月上旬是紫陽花(繡球花)綻放的時節，千萬別錯過。

◎搭乘箱根空中纜車時別忘了向北望去，運氣好會見到富士山！

◎搭乘海賊船時，若人潮擁擠，不妨加價升等至特別船室，就是高人一等～

DAY 1 START

8:00	新宿駅
↓	小田急浪漫特快80分
9:30	箱根湯本駅
↓	箱根登山巴士32分
10:30	元箱根
↓	海賊船40分
14:30	桃源台
↓	箱根空中纜車30分
15:00	大涌谷
↓	箱根空中纜車15分
16:30	早雲山
↓	箱根登山電纜車11分
16:40	強羅駅

GOAL

DAY 2 START

9:00	強羅駅
↓	箱根登山鐵道3分
9:30	箱根雕刻之森駅
↓	箱根登山鐵道3分
11:30	強羅駅
↓	箱根登山巴士15分
13:30	箱根玻璃之森
↓	箱根登山巴士30分
16:00	御殿場OUTLET
↓	小田急高速巴士120分
20:20	新宿

GOAL

小田急浪漫特快
80分

箱根湯本

箱根登山巴士
32分

元箱根

憑箱根周遊券折價100円

若有帶行李，可以在這裡寄送到箱根地區的飯店。120公分、20公斤以內¥1100。

元箱根巴士站
步行10分

元箱根巴士站步行
3分至元箱根港

箱根神社

P.148,B2 神奈川縣足柄下郡箱根町元箱根80-1 自由參拜

箱根神社自古以來就是箱根地區山岳信仰的中心，主要供奉瓊瓊杵尊、木花咲耶姬命與彥火火出見尊，據說是在天平寶字元年(757年)，由萬卷上人所創設。千餘年來神社得到當地民眾以及源賴朝、德川家康等武士的信奉。矗立蘆之湖上的朱紅色鳥居，彷彿訴說其千百年不變的崇高地位。

也可以去這裡A

箱根關所

P.148,B2 神奈川縣足柄下郡箱根町箱根1 9:00~17:00(12~2月至16:30) ¥500

江戶幕府當初為了固守如今的東京地區之勢力範圍，而在全國各個重要據點設置關所，表面上作為監督出入旅人身份的關卡，然而其實際目的是為了防止全國武士的謀反叛變，箱根關所於元和5年(1619)設置，明治2年(1869)廢止，坐鎮了250年之久。

也可以去這裡B

箱根園水族館

P.148,A2 神奈川縣足柄下郡箱根町元箱根139 9:00~17:00，時間依季節有變更，詳洽官網 ¥1500

駿河灣運來大量海水供應園內水槽用水，讓人在高山淡水區也能一賞海底生物的奧妙。館內另有淡水館，介紹蘆之湖的生態與魚種，而在貝加爾海豹廣場，也可以看到可愛的海豹表演泡溫泉(其實是當地湧水)的戲碼。

箱根海賊船

P.148,A2 神奈川縣足柄下郡箱根町 箱根町發船時間10:00~16:30，箱根町~元箱根約10分、元箱根~桃源台約30分 箱根町~桃源台(二等艙)單程¥1200 www.hakone-kankosen.co.jp 搭乘地分別位於箱根町港、元箱根港、桃源台港

憑箱根周遊券自由搭乘

箱根海賊船仿造17世紀歐洲戰艦造型，色彩鮮豔明亮，還有許多華麗的立體裝飾，目前共有仿法國的Royal II 南歐皇家太陽號、英國的勝利號，以及仿瑞典的Vasa北歐獅瓦薩王號。內部座椅寬敞舒適，冬天待在充滿熱呼呼的暖氣中，仍可以欣賞湖面風光，天氣晴朗更可遠眺壯麗的富士山。

海賊船40分

桃源台

箱根空中纜車30分

大涌谷

桃源台駅 步行2分

空中纜車

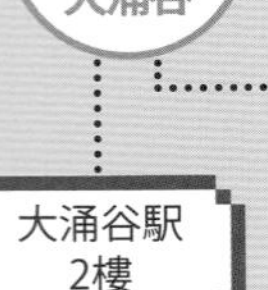

P.148,A1 神奈川縣足柄下郡箱根町桃源台／強羅 9:00~16:00(依季節不同) 早雲山~桃源台單程￥1550

箱根空中纜車路線正好位於蘆之湖畔的山坡地上，坐上它，你就可以將蘆之湖周邊的湖光山色盡收眼底，運氣好碰上了晴朗日子，在姥子~大涌谷一段甚至還可看見富士山呢。基本上，空中纜車以吊車型式運行，一台吊車能坐個12人，並不會太大，也不用擔心選錯邊而漏失了某些好風景。

大涌谷駅 2樓

大涌谷駅食堂

P.148,B1 神奈川縣足柄下郡箱根町仙石原1251大涌谷駅2F 046-084-4650 11:00~16:00 大涌谷咖哩飯￥1100

位在大涌谷駅2樓的大涌谷駅食堂，主要菜單有洋食的咖哩、漢堡排等，如果想吃和食麵點也不缺；其中大涌谷的咖哩微辣辛香，口味極佳。大面玻璃窗戶面向大涌谷的噴煙口，天晴時極佳的眺望角度讓人能一邊欣賞美景一邊品嚐美食。

也可以去這裡

黑玉子茶屋

P.148,B1 神奈川縣足柄下郡箱根町仙石原1251 9:00~16:00 溫泉黑蛋￥500/5入

大涌谷名產溫泉黑蛋也是溫泉蛋的一種，在大涌谷站前就能看到斗大的黑溫泉蛋地標。製作方式是把生雞蛋放到80度的溫泉池中浸泡5~10分鐘，再放到接近100度高溫的蒸氣中蒸個5分鐘，由於溫泉中的硫磺成分在遇上鐵之後會變成硫化鐵，就製成黑不溜丟的溫泉黑蛋了。

箱根空中纜車
15分

早雲山

箱根登山電纜車
11分

今晚入住強羅的溫泉旅館

DAY 2

強羅

箱根登山鐵道
3分

箱根
雕刻の森

大涌谷自然研究道路

P.148,A1 神奈川縣足柄下郡箱根町大涌谷 網路預約制，每天4梯次、每梯次限30人

大涌谷為海拔1080公尺高的山谷，經距今約3100年前蒸氣爆發、約2900年前火山碎屑岩流兩次的火山作用而形成，整個區域是一片赤茶色，草木不生相當荒蕪。谷地間有鋪設良好的步道，引導遊客繞場一圈，沿途到處都有噴煙口，濃煙夾帶陣陣硫磺味不斷飄向遊客。步道全長700公尺，走完全程約需40分鐘。

彫刻の森駅
步行2分

箱根彫刻之森美術館

P.148,B1 神奈川縣足柄下郡箱根町二ノ平1121 09:00~17:00 大人￥1600

憑箱根周遊券門票折扣200円

箱根彫刻之森美術館園內以開放之姿，點綴著亨利摩爾、羅丹、畢卡索、巴爾札克、妮琪、布魯德魯等多位代表本世紀藝術大師的巨型作品，遊客可以親自觸摸這些歷經風霜、接受大自然磨練的作品，或者站在比人還高的雕塑旁，好好拍一張充滿氣質的照片留念，充分體會大自然與藝術的和諧之美。

箱根登山鐵道
3分

強羅

箱根登山巴士
15分

箱根ガラスの森

強羅駅
步行5分

強羅公園

P.148,B1 神奈川縣足柄下郡箱根町強羅1300 9:00~17:00 大人￥550

憑箱根周遊券免費入場

超過百年歷史的強羅公園，於2013年列入國家的登錄記念物，並擁有整齊美觀的法式庭院，園內櫻花、杜鵑、繡球花等花卉依時開放，其中玫瑰花園有140種類，共千株以上的玫瑰，與初夏的新綠、秋季的紅葉相襯，格外優美。境內還有一間典雅的茶室「白雲洞茶苑」，可以來這邊喝杯抹茶，體驗純正的日式風情。

強羅駅
步行2分

田村銀勝亭

P.148,B1 神奈川縣足柄下郡箱根町強羅1300-739 0460-82-1440 11:00~14:30、17:00~19:00，週二11:00~14:30 休週三

傳統和風外觀流露出沉穩寧靜的氣息，這間超高人氣的「田村銀勝亭」餐廳，招牌菜色為煮豆腐炸豬排，豆腐夾入國產豬絞肉後下鍋油炸再放入土鍋燉煮，美味多汁又超級下飯。

俵石・箱根ガラスの森前站
步行1分

玻璃之森美術館

P.148,B1 神奈川縣足柄下郡箱根町仙石原940-48 10:00~17:30 大人￥1800

憑箱根周遊券門票折扣100円

由綠意與流水編織而成的箱根玻璃之森博物館，「威尼斯玻璃美術館」收藏的盡是中古世紀價值高昂的義大利玻璃藝術精品，共計約上百件15至18世紀的珍貴藝品，即便經過數百年，卻依然綻放著神秘的光輝。「現代玻璃美術館」則展示著19世紀後半期再度復甦、充滿嶄新生命力的威尼斯玻璃，讓人了解到玻璃藝術的無限可能性。

箱根登山巴士
30分

御殿場OUTLET

御殿場OUTLET
出站即達

免費接駁巴士
10分

東名
御殿場

出示票券搭乘「小田急箱根高速巴士」，特價1000円

小田急箱根
高速巴士120分

GOAL

新宿BT

也可以去這裡A

Albergo Bamboo

P.148,B1 神奈川縣足柄下郡箱根町仙石原984-4 11:30~14:30、17:30~20:30 休週二

綠樹婆娑的仙石原森林中，這間彷若義大利別墅的優美餐廳，光建築就可寫成一本書，主人花了8年光陰，延請日、義頂級設計師，打造出從家具、壁畫、餐具，甚至鐵柵門皆講究的用餐空間；自製麵包放入石窯烤得香脆，現場燒烤肉類等，用濃郁香氣傳遞幸福。

也可以去這裡B

POLA美術館

P.148,B1 神奈川縣足柄下郡箱根町仙石原小塚山1285 09:00~17:00 ￥1800

從正門看來POLA美術館彷佛被湮沒在青翠的綠意中。館內採用大片玻璃帷幕，引進自然天光，讓藝術作品呈現出最自然美好的狀態。館藏以雷諾瓦、夏卡爾、梵谷、莫內等畫家為首，西洋印象派畫作加上日本現代作品共9千5百件。

御殿場PREMIUM OUTLETS

靜岡縣御殿場市深沢1312 10:00~20:00，12-2月10:00~19:00 休2月第三個週四

憑箱根周遊券兌換折價券

PREMIUM OUTLETS是源自美國的折扣商城，御殿場市裡的店舖是日本第二家。超過205家商店的龐大規模、80%~60%的驚爆折扣、本地與進口高級名牌貨品齊全、顏色款式尺寸選擇多樣化等等優點，都是人潮爆滿的最大原因。

銚子弧迴手形一日乘車券

銚子弧迴手形一日乘車券

只限當天購入使用

一日內自由搭乘銚子電鐵線全線

1922年設立的地方鐵道——銚子電鐵，位在關東平原的最東側，連接了JR路線後沿著海濱行駛，延路風景美不勝收。這裡有日本最大流域的河川利根川，發揚了銚子的漁業與醬油，而位在關東地區最東端的犬吠埼可以看到日本最早升起的日出，買張一日乘車券，就隨意上下車，搭著列車一站站玩下去吧。

700円
兒童350円

來自東京地下鐵

銚子電鐵的車身顏色主要分為紅色與黃色兩種，其實銚子電鐵的部分車廂利用東京Metro丸之內線(紅)、銀座線(黃)車廂重新塗漆改裝，車內還可看到東京地下鐵的行駛路線圖，相當有趣。

這樣的你適合用這張票

◎預計花一整天玩銚子鐵道
◎不善於規劃轉車行程，想要一條線玩到底
◎微鐵道迷，喜歡拍攝鐵道風景
◎喜歡緩慢的旅行步調

1天內隨意搭乘銚子電鐵

能搭乘交通工具

東京Metro地下鐵	岬巡Suttle bus
X	X
銚子電鐵	**JR線**
○	X

使用範圍

能在一日內自由搭乘銚子電鐵線全線

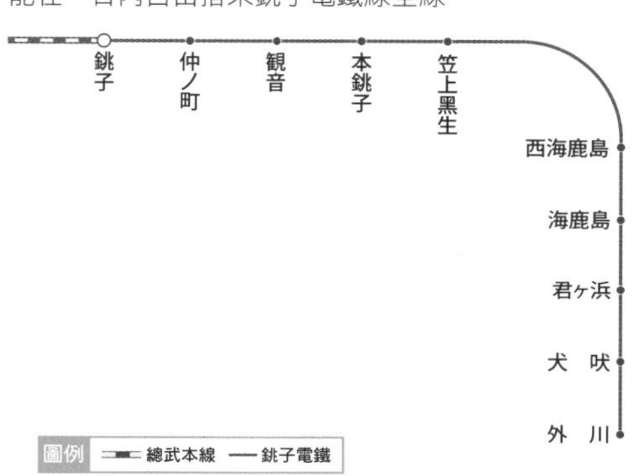

有效期間

1日，只限使用當天購入。

購買地點

銚子電鐵各大車站：銚子駅、仲ノ町駅、観音駅、笠上黒生駅、犬吠駅、外川駅等。或是直接向銚子電鐵的列車掌購買。也可透過手機APP「EeeE銚子」購電子PASS票。

*JR銚子駅並無販售

退票

在票券使用期限內，未經使用的情況下，可在購票點退票。一張需扣除220円手續費。

特典

票券上附有優惠券，使用後店員會在上頭蓋章，內容如下：

地球の丸く見える丘展望館入館折扣50円

銚子Port Tower展望室入場折扣50円

圓福寺 吉祥緣起御守 兌換券

犬吠駅賣店100円折口券(購物滿千才可使用)

◎沿線27家餐廳、設施提供消費折扣，詳洽官網www.choshi-dentetsu.jp/pass/

其它

站內無法使用IC儲值卡進出(SUICA、PASMO或其他交通卡皆不適用)，若無使用一日券，只能購買單程票上下車。

轉乘其它路線

銚子 —轉乘→ 銚子駅 | JR線

也可以用其它票券

鐵道+巴士！

銚子一日旅人券／銚子1日旅人パス

於1日內無限搭乘銚子電鐵各站、千葉交通巴士、銚子市內路線巴士等。大人1000円、兒童500円

COURSE # 9

START

銚子電鐵 2分

銚子

迎向潮風
地方鐵道魅力無限

銚子電鐵一日輕旅行

喜歡地方鐵道的人來到這裡一定會被小巧的車站、可愛的車廂深深吸引，想找點不一樣的樂子，搭上銚子電鐵，一站一站拜訪銚子的生活風景，嚐嚐當地海味，最不一樣的大東京旅行就從這裡開始。

お得チケット 9 銚子弧廻手形一日乘車券

坐這麼多趟！

原本1220円
⇓購票只要
700円
使用這張票全程省 **520円**

START

9:30	銚子駅
↓	銚子電鐵02分
10:00	仲ノ町駅
↓	銚子電鐵18分
11:30	外川駅
↓	銚子電鐵03分
13:00	犬吠駅
↓	銚子電鐵12分
15:30	觀音駅
↓	銚子電鐵04分
16:30	銚子駅

GOAL

Check List

沿路必看！必吃！

- ☑桃太郎電車
- ☑犬吠崎白色郵筒
- ☑海鮮壽司
- ☑濕仙貝

Point

讓旅行更順暢的小方法

◎銚子到外川單趟350円，來回加中停一站就回本。

◎銚子駅或各飯店、旅館有出租自行車，2小時￥500。

◎銚子駅出站口旁的服務中心可租借腳踏車，沿著濱海騎乘，再騎到外川老街感受復古氛圍。

◎銚子電鐵班次約半小時一班，建議可以採定點式遊玩。

◎列車內可能會出現愛心握把，聽說和心儀的人一起握的話會有好結果哦！

銚子電鐵
18分

仲ノ町 → 外川

仲ノ町駅
步行2分

外川駅
步行5分

ヤマサ醬油工場

P.146,A2 千葉縣銚子市北小川町2570 0479-22-9809 工場見學9、10、11、13、14、15點各一場(網路預約制、免費) www.yamasa.com

從1645年營業至今的醬油老店開放免費參觀，在20分鐘的影片介紹後即開始30分鐘的工場見學，製作醬油的歷史展示品等都可以看到，結束後每個人會得到一包記念品醬油，離開前還可以到賣店買支醬油霜淇淋或是醬料產品。

治ろうや鮨処

P.146,A3 千葉縣銚子市外川町2-10608 0479-22-0435 11:30~14:00、17:00~21:00

號稱是關東地居最東邊的握壽司店，大廚推薦握壽司總共10貫，以當地節令魚產為中心，還大方地使用炙烤金目鯛等高級食材，創作出一貫貫令人一吃難忘的鮮美海味。除了在店內品嚐，也可以外帶伊達卷，路上肚子餓時可以填填小腹。

也可以去這裡A

榊原豆腐店

P.146,A3 千葉縣銚子市外川町2-10927 8:30~19:00 休週日

位在山坡上的「榊原豆腐店」開業於明治時期42年(1909)，是間百年的手工豆腐老店；店內使用國產的丸大豆以及地下水，每天製作新鮮的豆漿，來到此不能錯過的是豆漿布丁。

也可以去這裡B

外川駅

P.146,A3 千葉縣銚子市外川町2-10636

銚子電鐵的終點站「外川駅」，外觀保存了大正時期的木製建築，復古的白底黑字外川駅站牌沉穩地置於屋簷上。在過去外川駅曾為NHK長篇戲劇「澪つくし」的拍攝舞台，對於老一輩日本人有著不同的情感。沿著外川駅附近老街、巷弄小路進行小小的散策旅行也是不錯的選擇。

也可以去這裡C

犬岩

P.146,A3 千葉縣銚子市犬若地區外川港西側

「犬岩」為千葉縣最古老的愛宕山層的一部份，駐立於海中大石是由硬砂岩及泥岩組成。傳説源義經在逃亡時途中於此拋棄愛犬「若丸」，若丸在此對著大海哭號七天七夜，在第八天時幻化成一塊海上大石，當地的人而將此巨石取作「犬岩」。

銚子電鐵
3分

犬吠

銚子電鐵
12分

犬吠駅
站內

ぬれ煎餅(犬吠駅売店)

P.146,A3 千葉縣銚子市犬吠埼9595-1 10:00~18:00 烤仙貝體驗￥100 / 1片

濕仙貝可説是銚子電鐵的救世主，來搭銚子電鐵時絕對不可錯過，在犬吠駅內就有溼仙貝賣店，不僅可以買回家當伴手禮，也有仙貝製作體驗，一步步跟著老師壓餅、烤餅到沾醬完工，相當新鮮有趣。

犬吠駅
步行10分

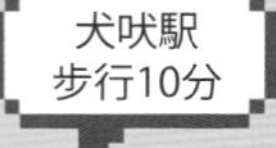

犬吠埼灯台

P.146,A3 千葉縣銚子市犬吠埼9576 8:30~16:00 燈塔￥300，資料館免費

佇立在犬吠埼上的白色燈塔面著遼闊的太平洋，攀爬99階螺旋狀階梯後，登上燈塔時的視野相當遼闊，雄壯的景色相當震懾人心。在燈塔一旁的資料展示館展出燈塔的介紹以及犬吠埼燈塔的歷史文化價值，更酷的是還可以看到初代燈塔的透鏡。

銚子電鐵
4分

GOAL

觀音

銚子

観音駅
步行5分

圓福寺飯沼觀音

P.146,A2 千葉縣銚子市馬場町293 自由參觀

千葉縣銚子市的圓福寺為坂東觀音靈場33所之一，其以本尊十一面觀音的「飯沼觀音」而知名，自江戶時代起參拜人潮絡繹不絕，而成為當地名剎；爾後經由電視節目介紹寺內有眾多寺寶，例如美術品「奈良時代銅造鏡」、享德在銘的銅鐘、天正墨書銘的戒躰函、古文書等成為來到銚子必訪景點。

也可以去這裡A

さのや今川焼店

P.146,A2 千葉縣銚子市飯沼町6-7 0479-22-0150 9:00~16:30 休週三，週日不定休(每月1次)

烤盤上一次整齊排列數十個今川燒的驚人氣勢，這裡賣的今川燒其實就是我們說的紅豆餅，但是さのや的今川燒粗糙的麵衣內包裹著飽滿厚實的紅豆或白豆內餡，一口咬下餡料就滿溢而出，麵糊的香氣與內餡的甜蜜滋味完美交融，深受當地人喜愛。

也可以去這裡B

Green Café月音

P.146,A2 千葉縣銚子市前宿町698 0479-22-2410 11:30~16:30 休週日~二

以無肉類菜單為主的家庭式餐廳，店內料理皆由老闆娘親手烹煮，並堅持使用有生產履歷的有機野菜、玄米、自家製漬物、味噌等，以及不使用砂糖，改以米飴、玄米水飴等，吃得更健康。

鐵道+巴士自由區間

外國人限定

須攜帶護照

西武線全線一日券＋長瀞

1日／2日內自由搭乘西武鐵道全線與秩父鐵道限定區間

SEIBU 1Day Pass + Nagatoro

外國人限定的優惠票券，硬是比日本人買的優惠套票便宜千円以上，可分為一日券或是二日券，能在期限內自由搭乘西武鐵道全線(多摩川線除外)、秩父鐵道野上～三峰口間的普通列車。雖然這張票不能免費搭乘特快列車，但只要另外付特急票價即可搭乘。

西武鐵道52席の至福

西武鐵道推出每日限定52席的觀光列車「52席の至福」，列車上供應高級法式料理，行車間的景緻將口中美味昇華至最高享受，列車菜單將每三個月更換一次，並依季節推出限定餐品。建議提前2個月至網路訂位，感受限定服務。www.seiburailway.jp/railways/seibu52-shifuku/ (網站提供中文訂票說明)

一日券 **1500円**
兒童750円

二日券 **3000円**
兒童1500円

這樣的你適合用這張票

◎以觀光簽證入境日本
◎計劃前往秩父一日小旅行
◎計劃至長瀞體驗泛舟
◎想要搭乘秩父鐵道SL列車

(西武鉄道) 0012
SEIBU 2Day Pass + Nagatoro
西武線全線(多摩川線を除く)
秩父鉄道線 野上・長瀞～三峰口
All Seibu Railway Line(expect Tamagawa Line)
Chichibu Railway Line Nogami・Nagatoro～Mitsumineguchi
乗り降り自由 【Unlimited Ride】
2017.-3.10から2日間有効
Valid for 2day from purchased date.
Need extra ticket to ride limited express train and SL train
3000円 西所沢駅発行 192
2017.-3.10

(西武鉄道) 小 0013
SEIBU 2Day Pass + Nagatoro
西武線全線(多摩川線を除く)
秩父鉄道線 野上・長瀞～三峰口
All Seibu Railway Line(expect Tamagawa Line)
Chichibu Railway Line Nogami・Nagatoro～Mitsumineguchi
乗り降り自由 【Unlimited Ride】
2017.-3.10から2日間有効
Valid for 2day from purchased date.
Need extra ticket to ride limited express train and SL train
1500円 西所沢駅発行 192
2017.-3.10

期限內暢遊西武沿線與秩父地區

能搭乘交通工具

東京Metro地下鐵	西武鐵道
X	○*
秩父鐵道(區間)	**JR線**
○	X

○*搭乘特快列車需加指定席費

使用範圍

在期限內可自由搭乘西武鐵道全線(多摩線除外)，與秩父鐵道限定區間。

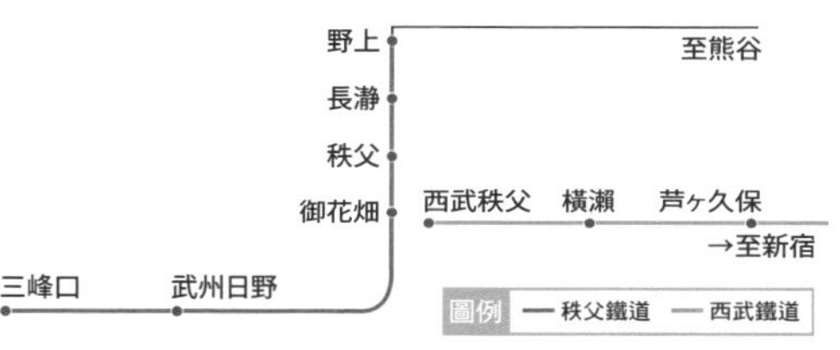

*不抱括西武多磨川線

有效期間

1日／2日

*分為前賣券與當日券，前賣券在售出後的1個月內有效，當日券則限購買當日使用，逾期作廢。

購買地點

西武池袋駅1樓、B1特急券售票處、西武新宿駅特急券售票處、西武池袋旅遊服務中心等。

*由於是外國人專用票券，所以需要出示護照，並無在自動售票機販售，且購入時需指定使用日期。

*也可在台灣配合的旅行社預購到1日券。

退票

在票券使用期限內，未經使用的情況下，可在購票點退票。一張需扣除220円手續費。

其它

◎西武線內請從自動驗票機通過。

◎秩父線內請出示給驗票員看。

轉乘其它路線

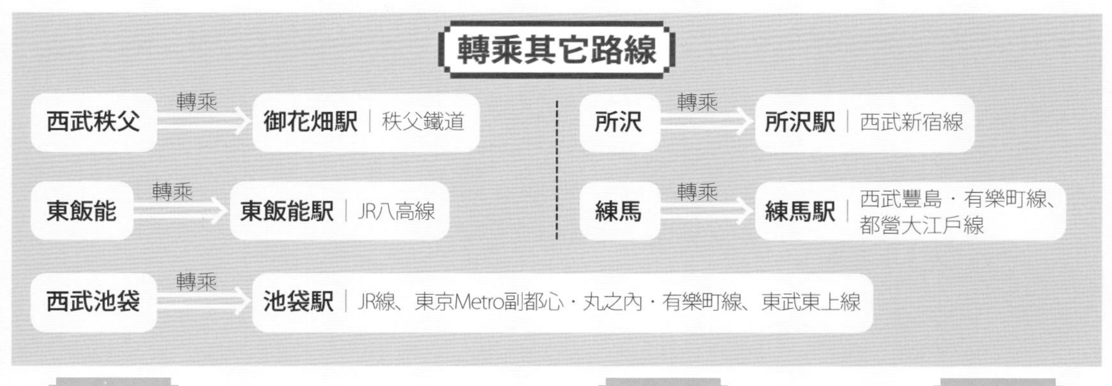

也可以用其它票券

秩父鐵道一日券！

秩父路遊遊一日券／秩父路遊々フリーきっぷ

只在週末、例假日、年末年始、暑假寒假販售的一日券，能在一日內無限搭乘秩父鐵道全線，若是要搭乘SL或是急行列車則需另外付急行、SL費用。大人1600円、兒童800円。(也可以APP購買，電子票則不限日期，天天都能使用，大人1500円、兒童500円)

只能搭西武！

西武線全線一日/二日券／SEIBU 1Day/2Day Pass

一樣是只限外國遊客購買的票券，能在期限內自由搭乘西武鐵道全線(多摩川線除外)。但只能搭到西武秩父，並不能搭乘秩父鐵道的列車。一日券大人1000円、兒童500円，二日券大人2000円、兒童1000円。

西武來回+秩父！

秩父自由乘車券／秩父フリーきっぷ

包含從西武沿線車站出發到西武秩父駅的來回車票，以及西武秩父線芦ノ久保～西武秩父、秩父鐵道野上～三峰口的的自由乘車券，使用期限為連續2天。池袋出發大人2350円，兒1180円。

COURSE #10

需另付特急指定席費￥900

搭乘西武鐵道
前進秩父尋找鐵道SL巨輪

西武秩父能量小旅行

處在河川流往東京源流之一的秩父，純淨水源、高聳山景，促成當地天然美景、美酒與美食；坐上西武特急Laview號(建築家・妹島和世監修)最快只要78分鐘即能抵達這個世外桃源，用這張外國人限定票券沿路還可以在西武鐵道的熱門車站下車，超划算的省錢玩法等你來發現！

お得チケット 10 西武線全線一日券＋長瀞

坐這麼多趟！

原本4030円
⇓購票只要
1500円
使用這張票全程省2530円

START

7:30	池袋駅
↓	西武特急80分
9:00	西武秩父駅
↓	秩父鐵道10分
9:30	和銅黒谷駅
↓	秩父鐵道08分
11:00	秩父駅
↓	秩父鐵道02分
12:00	御花畑駅
↓	秩父鐵道21分
15:00	長瀞駅
↓	秩父鐵道21分
18:00	御花畑駅
↓	西武鐵道09分
18:30	芦ケ久保駅
↓	西武鐵道90分
20:30	池袋駅

GOAL

Check List

沿路必看！

- ☑秩父鐵道SL列車
- ☑秩父三社能量巡禮
- ☑長瀞泛舟
- ☑金錢開運

Point

讓旅行更順暢的小方法

◎池袋到秩父單程￥800，光一日來回就划算！

◎西武秩父駅與秩父鐵道御花畑駅步行距離約5分。

◎西武秩父駅、長瀞駅可於觀光服務處租借自行車。

◎每年12月2、3日的「秩父夜祭」是秩父地區的重頭戲，出動屋台山車、約八千發煙火的夜祭活動，將秩父市內氣氛炒熱到最高點。

步行5分

御花畑

秩父鐵道 10分

和銅黑谷

秩父鐵道 8分

秩父

和銅黑谷駅 步行5分

聖神社

P.147,C2 埼玉縣秩父市黑谷2191
10:00~18:00 金運財布￥500(稅入)

慶雲五年(西元708年)在秩父黑谷地區發現自然銅資源，將之鑄造為日本最初的流通貨幣「和同開彌」，繼而將年號改為「和銅」；其演變至今成為人們祈求金錢運的「聖神社」，當地人會以「銭神様」稱呼。因相當靈驗而吸引眾多遊客前來祈求開運，參拜完聖神社也可順著山路散步到和銅遺跡參觀。

秩父駅 步行3分

秩父神社

P.147,D2 埼玉縣秩父市番場町1-3 8:30~17:00 自由參拜

創立於2100年前的秩父神社，與長瀞寶登山神社、三峯神社齊名為秩父三社，為秩父地區的總社。德川家康於1592年重建其建築，請來名匠左甚五郎在神社四周外牆雕刻著不同的動物圖案，呈現出莊重及華麗美感。

秩父鐵道 2分

御花畑

秩父鐵道 21分

長瀞

西武秩父駅、御花畑駅步行5分

そば処まるた

P.147,D3 埼玉縣秩父市熊木町12-7 0494-24-2489 11:30~16:00(L.O.15:30) 休週四

そば処まるた是一間以自家製蕎麥粉而知名的手打蕎麥麵專門店。店內主打以石臼研磨秩父出產的蕎麥加入絕佳水質的手工蕎麥麵，再沾上由高級本枯節熬煮的沾醬，甘甜順口令人回味無窮。

也可以去這裡

秩父銘仙館

P.147,D3 埼玉縣秩父市熊木町28-1 9:00~16:00 ¥210

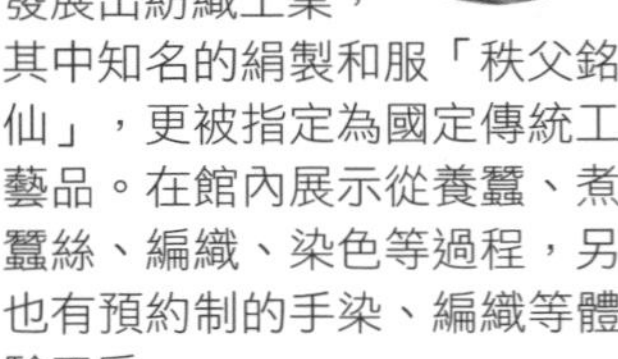

秩父地區屬盆地地形，不利於種植蔬果而改以養蠶作業，因此發展出紡織工業，其中知名的絹製和服「秩父銘仙」，更被指定為國定傳統工藝品。在館內展示從養蠶、煮蠶絲、編織、染色等過程，另也有預約制的手染、編織等體驗工房。

御花畑駅站內

SL PALEO Express

P.147,D3 埼玉縣秩父市 048-523-3371 SL指定席¥1100，SL自由席¥800 www.chichibu-railway.co.jp/

搭乘SL PALEO Express古老蒸氣火車，體驗懷舊鐵路氛圍。行經車站有熊谷、武川、寄居、長瀞、皆野、秩父、御花畑及三峰口共8站，並分為5001列車(熊谷→三峰口)、5002(三峰口→熊谷)，可自由選擇上、下車車站，基本上只有週末及國定假日行駛，但遇到暑假或是楓葉季時期部分平日也會行駛，建議提前查詢。

長瀞駅步行3分

長瀞泛舟

P.147,A2 埼玉縣秩父郡長瀞町長瀞489-2 9:00~16:00 分A、B路線：大人¥2000起

體驗長瀞荒川之美的最好方式就是搭上木製的和舟，來一趟悠閒又刺激萬分的遊河之旅！可以遊覽岩疊及斷崖奇景，因荒川的水流千變萬化，乘坐當中有時平穩悠閒，有時突遇激流，十分刺激。冬天可能因旱水期或是強風而停止活動。

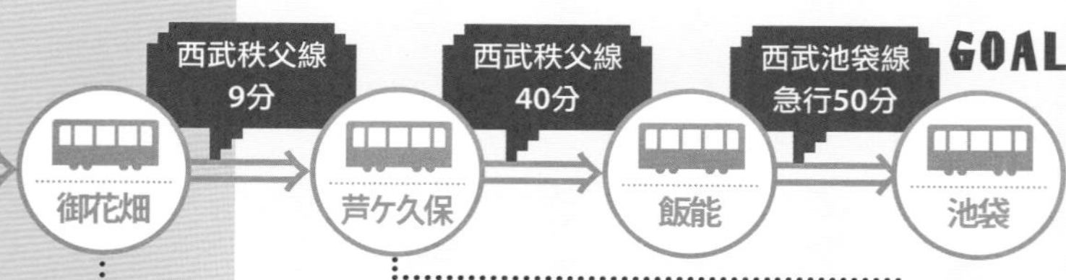

寶登山神社

P.147,A1 埼玉縣秩父郡長瀞町長瀞1828 9:00~16:00

發源於1900年前的「寶登山神社」，為秩父地區的三大神社之一，守護神為開運解厄、遏止火事、解除災難等為人知，因神社名「寶登山」有登上寶山之好意而吸引參拜人潮。可以先搭乘纜車至寶登山上，眺望長瀞與遠方山景之後再往寶登山神社方向下山。

也可以去這裡

阿左美冷蔵 寶登山道店

P.147,A1 埼玉縣秩父郡長瀞町長瀞781-4 0494-66-1885 10:00~17:00 休週二

阿左美冷蔵是長瀞在地老店，因使用長瀞天然冰塊製作的刨冰而吸引眾多遊客前來品嚐。天然冰塊製成的刨冰吃來更為綿密與甘甜，配上店主自家熬煮的果汁與糖蜜更增風味。

御花畑駅步行8分
西武秩父駅出站即達

西武秩父站前溫泉 祭之湯

P.147,D3 埼玉縣秩父市野坂町1-16-15 10:00~22:00；週五、六及國定假日前一天、特定日：6:00~翌9:00 平日￥1100，週六、假日與特定日￥1380

祭之湯為兩層樓建築，內部分為溫泉區、美食區、商品販售區等，溫泉區則設有露天溫泉、內湯、岩盤浴、休憩空間等。「祭之湯」打出24小時可以泡溫泉又可休息的服務，離開前就來泡泡溫泉，舒展身心吧。

芦ケ久保駅
出站徒步10分

芦ケ久保の氷柱

冬季限定

P.147,C3 埼玉縣秩父郡横瀬町芦ケ久保159 每年1月上旬~2月底，平日9:00~16:00，週五、六、日、國定假日9:00~20:00 ￥400

冰柱是秩父地區在冬季的限定景色，從12月的夜祭結束後便會開始著手將滿山白雪灑上水，一直到12月底將之形成壯觀的冰柱景象，每年展期約在1月初至2月底舉行。夜晚的冰柱打上絢麗燈光後，又是另一種夢幻氛圍。

池袋~川越來回車票 + 外國人限定 須攜帶護照

鐵道+巴士自由區間 + 店家折扣

東武川越特選優惠聯票

KAWAGOE DISCOUNT PASS PREMIUM

東武鐵道池袋至川越間的來回票

無限次搭乘川越區域內的東武巴士、小江戶名勝巡遊巴士

外國人限定的川越觀光票券，票券內容其實很簡單，就是從東京都心的池袋至川越駅之間的來回車票，與一日內無限次搭乘川越區域內的東武巴士、小江戶名勝巡遊巴士。可愛的日式造形卡片就是票券，極具旅遊紀念價值。

1050円
兒童540円

小江戶名勝巡遊巴士

行駛在川越主要觀光地區的巴士，行經路線：川越駅東口3號乘車處→喜多院前→博物館前→宮下町前(氷川神社)→札の辻→一番街→川越市駅等15處。

平日10:00~15:40
班次：間隔40~50分鐘，共8班車；週末9:20~16:20，班次間隔20~30分鐘，共14班車。

這樣的你適合用這張票

◎預計一天前往川越
◎不想走太多路
◎想到冰川神社參拜
◎熱愛老街觀光

川越來回車票與巴士1日券

能搭乘交通工具

東京Metro地下鐵	西武鐵道	JR線
X	X	X
東武東上線	**東武巴士**	**小江戶名勝巡遊巴士**
○	Δ*	○

Δ*東武巴士只限川越區間，詳見使用範圍

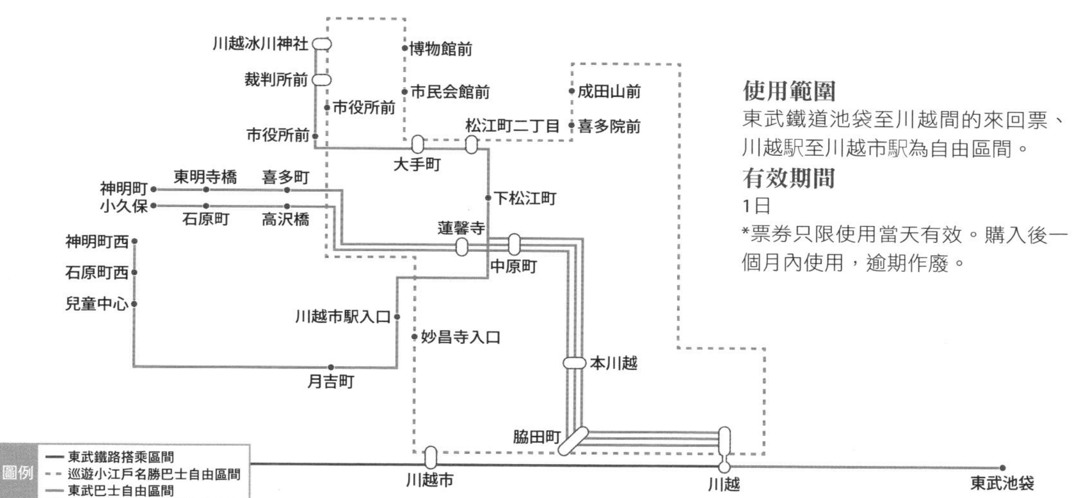

使用範圍

東武鐵道池袋至川越間的來回票、川越駅至川越市駅為自由區間。

有效期間

1日

*票券只限使用當天有效。購入後一個月內使用，逾期作廢。

購買地點

東武東上線池袋駅售票窗口(中央1、2檢票口，南檢票口)、池袋東武旅遊服務中心等地。

*由於是外國人專用票券，所以需要出示護照，在自動售票機並無販售。

退票

期間內未使用，可於原購處退票，但會酌收手續費。

特典

◎憑票券至池袋東武百貨退稅櫃台，可得到一張「5%折價券」，在東武百貨購物除了能退稅10%外，再加5%折扣太划算！

◎川越地區的設施及紀念品商店購物折扣。

其它

使用本票券請走人工改札口，進出站需出示票券。

也可以用其它票券

不能搭公車！

東武川越優惠聯票／KAWAGOE DISCOUNT PASS

外國人限定票券，包括乘坐東武東上線至川越的一日內來回車票，並享有店家優惠。不可搭乘東武巴士、小江戶名勝巡遊巴士。大人710円、兒童370円。

從新宿出發！

西武川越一日券／SEIBU KAWAGOE PASS

外國人限定票券，內容為西武新宿、高田馬場或池袋駅到本川越駅之間來回車票。不可搭乘巴士。大人700円、兒童350円。

適合途中下車！

JR東京廣域周遊券／JR Tokyo Wild Pass

連續三日能搭乘關東區間的JR普通列車、特急列車、JR東日本的新幹線等，不建議特地用在川越，但若是前往其它地區時途中下車，倒是不妨。大人15000円、兒童7500円。→詳見P.8

COURSE #11

START

東武東上線 30分

池袋 → 川越

東口出站，搭乘東武巴士。

漫步小江戶
做一場穿越的時光美夢

小江戶川越的一日旅行

川越是關東地區最富有江戶時代風情的老街，沿著川越市街道兩旁，可以看到覆蓋著漆黑屋瓦與千本格子窗的老式商家建築，彷彿走入了百年前的時光隧道，來到繁榮的江戶時代。由於早期川越城掌控由北經過川越街道往南通往江戶城的要道，商賣繁盛的景況不輸江戶城，所以被稱為「小江戶」。

お得チケット 11

東武川越特選優惠聯票

坐這麼多趟！

原本1780円

⇓購票只要

1050円

使用這張票全程省 **730円**

START

9:00	池袋駅
↓	東武東上線30分
9:30	川越駅
↓	東武巴士08分
10:00	喜多院前
↓	東武巴士12分
11:00	川越冰川神社
↓	東武巴士05分
13:00	札の辻
↓	東武巴士07分
16:30	川越市駅
↓	東武東上線30分
17:00	池袋駅

GOAL

Check List

沿路必看！必吃！

- ☑藏造之町
- ☑冰川神社
- ☑地瓜甜點
- ☑穿和服穿越時空

Point

讓旅行更順暢的小方法

◎池袋到川越單程要490円，來回加上巴士，十分划算。

◎到了川越要搭乘巴士，從川越駅東口出站最方便。

◎搭巴士前往藏造之町附近散步，在「一番街」或「札之辻」巴士站下車最近。

◎連接川越市駅與川越駅的商店街好逛好買，若有空不妨走走。

東武巴士
8分

喜多院前

東武巴士
12分

氷川
神社前

喜多院前巴士站
步行1分

氷川神社前巴士站
步行1分

氷川神社前巴士站
步行5分

川越大師 喜多院

P.146,B2 埼玉縣川越市小仙波町1-20-1 9:00~16:30，依季節及平假日，開放時間稍有不同 休12/19~1/15、2/2、2/3、4/2~4/4，不定休 $本堂．五百羅漢共同拜觀：￥400

1638年的大火，將喜多院燒得只剩山門，將軍德川家光為了重建，將江戶城紅葉山住所拆掉，移到這裡建了現在所看到的客殿、書院以及庫裏(佛教修行房舍的一種)，所以來到喜多院，還可看到「家光誕生的房間」與「春日菊的化妝間」等景點。

也可以去這裡

中院

P.146,B3 埼玉縣川越市小仙波町5-15-1 自由參拜

中院裡分為本堂、釋迦堂、藥師堂三大堂，建於鎌倉時代的釋迦堂與藥師堂由於傳道的關係，深受信眾供奉，故規模比本堂還要大。當年慈覺大師開山從京都帶來了一些茶的種子，在院內種植了許多用來當作藥引的茶葉，也就是狹山茶、河越茶的發源。

氷川神社

P.146,B2 埼玉縣川越市宮下町2-11-3 自由參拜 www.kawagoehikawa.jp

川越冰川神社1500年來一直以戀愛神社聞名，每早8點還有限量20份的免費「戀愛石」(結び玉)。神社境內有條「祓いの川」，據説在此放流代表自己的小紙人，就能化解厄運，在主殿旁的繪馬參道相傳古時候這裡有奉納給神社的真的馬匹，後來由繪馬代替真馬，漸漸形成了繪馬隧道十分壯觀。

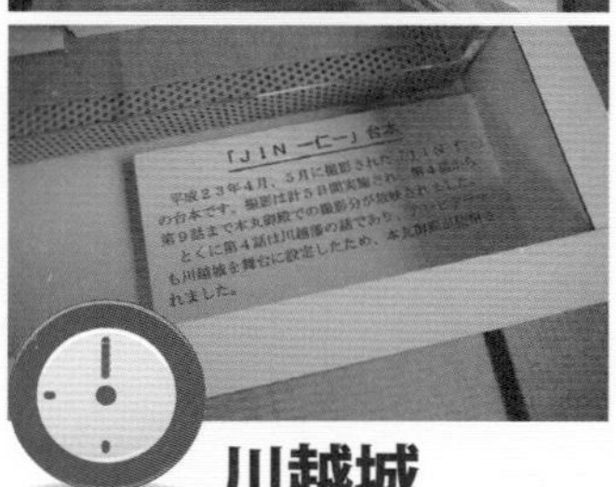

川越城 本丸御殿

P.146,B2 埼玉縣川越市郭町2-13-1 9:00~17:00 休週一 $ ￥100

川越城建於1457年，直至明治維新之前，這裡的城主皆是身兼要職，可見對幕府而言，川越城的地位十分重要。明治維新川越城被拆除時，部份建築則因當作市役所、菸草工廠、中學而保存下來，也就是大廣間與玄關部份。著名連續劇《仁醫》也曾在館內的東走廊取景拍攝，歷史氛圍滿點。

東武巴士
5分

札の辻

札の辻巴士站
下車即達

藏之街

P.146,B2 埼玉縣川越市幸町~元町一帶 049-222-5556(川越市觀光案內所) 商店營業時間約10:00~17:00

因為一場燬掉全川越城三分之一建物的大火，現在川越所看到的商家建築都是明治26年(1893年)後重建的，再建時為了防火選擇耐火的土藏造，蔚為特色。由於關東大地震與戰爭，東京都內土藏造建築漸漸消失，川越市卻完整保留約30多棟，現在改為商家極富古意。

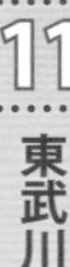

也可以去這裡A

開運亭

P.146,B2 埼玉縣川越市幸町2-10 2F 11:00~17:00 休週一、第3個週二

用這麼粗的麵來炒麵？開運亭還是首創。通常日式炒麵的麵條比較細，但在開運亭，不但可以吃到炒麵的醬香，它的麵條更是Q彈有嚼勁，配上鄉土湯品けんちん汁(蔬菜味噌湯)，美味與營養兼具，更是讓人滿腹。

也可以去這裡B

菓匠右門

P.146,B2 埼玉縣川越市幸町1-6(一番街店) 049-225-6001 10:00~18:00 いも恋(地瓜之戀)￥200

這裡最受觀光客歡迎的莫過於蒸得熱呼呼的「いも恋」了，由山藥與麻糬製成的外皮薄薄地包覆著有機紅豆泥與一塊完整的地瓜，吃起來外層十分Q彈、餡料鬆鬆綿綿，讓人戀上川越的地瓜點心。

也可以去這裡C

龜屋 本店

P.146,B2 埼玉縣川越市仲町4-3 049-222-2052 9:00~18:00 亀の最中￥119 /1入

創業於天明3年(1783年)的龜屋，當時是川越藩的御用菓子司，最有名的「亀の最中」，外皮使用新潟產的白米製成，而內餡則取自北海道，使用最高級的原料且遵循古法製作，龜殼外型更是討喜，是送禮的不二首選。

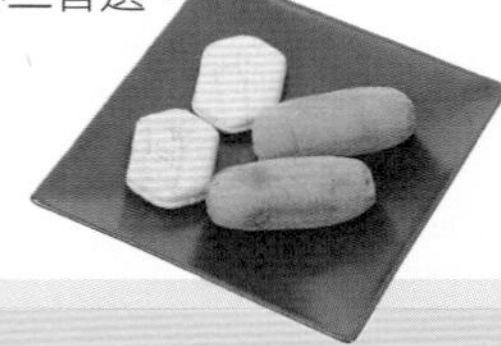

東武巴士
7分

川越市駅前

步行10分

川越

東武東上線
30分

GOAL

池袋

札の辻巴士站
下車即達

川越市駅前站
步行10分

菓子屋橫丁

P.146,B2　埼玉縣川越市元町2丁目　商店營業時間約10:00~17:00

這條古趣十足的小街上聚集了十來家賣「駄菓子」也就是懷舊零嘴的商家，可以嚐到用川越名物芋頭所做成的芋菓子、芋頭冰淇淋，還有昭和年代風情的點心糖果與彈珠汽水，許多流行雜誌在夏天時都喜歡來這裡取景，穿著夏季浴衣的模特兒與街道上紅豔的和傘構成一幅美麗的圖畫。

小江戶蔵里

P.146,B2　埼玉縣川越市新富町1-10-1　049-228-0855　明治蔵10:00~18:00；大正蔵11:00~15:00，17:00~22:00，假日11:00~22:00；昭和蔵11:00~19:00

改建自旧鏡山酒造房舍的小江戶蔵里，可分為專賣土產伴手禮的「明治蔵」、由八州亭經營的小居酒屋「大正蔵」以及專賣川越地產的「昭和蔵」。保存原有建築樣貌，以洗鍊風格結合復古懷舊，是川越的伴手禮發祥地。

也可以去這裡

新富町商店街クレアモール

P.146,B3　埼玉縣川越市新富町　www.creamall.net

新富町商店街是從川越市駅一直延伸至本川越駅的商店街，長約1公里的散步街道齊聚百貨商城、餐廳、咖啡館等超過70間店家，夜晚來臨時更有許多特色居酒屋等你挖掘，吃喝購遊一次滿足。

外國人限定

須攜帶護照

東武鐵道出發～下今市來回車票

設施折扣

鐵道+巴士自由區間

4日內自由搭乘日光區域東武集團交通工具

日光廣域周遊券

NIKKO PASS all area

要玩日光，一定不能錯過這張連續4日使用的票券。不僅可遊逛日光的二寺一社，還可到奥日光區域及鬼怒川溫泉，使用區域十分廣泛。除了鐵道巴士外還可搭乘中禪寺湖機船、明智平空中纜車，世界遺產散步之外，4天超長使用期限，讓人一口氣遊遍日光地區！

夏季 4/20~11/30 **4780円** 兒童1330円

冬季 12/1~4/19 **4160円** 兒童1080円

購買地點

可在「淺草東武旅遊服務中心 購票，或透過網路預約購買。

*網路最晚需於出發前2日購票完成

*網路購票後取票窗口在「淺草東武旅遊服務中心

這樣的你適合用這張票

◎喜歡世界遺產文化小旅行

◎想玩遍日光、奥日光、鬼怒川三大區域

◎要在日光待2天1夜以上的行程

◎覺得分段買票很麻煩，想一張票走透透的人

日光鐵道放題

日光鬼怒川區域鐵道一日券／日光・鬼怒川エリア鉄道乗り放題きっぷ

可在一日內自由搭乘日光～下今市～新藤原間的東武鐵道普通列車。若搭乘SL或特急需另外付費。大人500円、兒童250円。

日光・中禪寺湖・鬼怒川4日　區間交通隨意搭乘

能搭乘交通工具

東武巴士(區間)	日光江戶村循環巴士	低公害巴士(4~11月)
○	○	○
日光鬼怒川線士(僅SL運行日)	**中禪寺湖機船**	**東武鐵道**
○	○	Δ*

Δ*東武線至下今市為來回車票，非自由區間。乘坐中禪寺湖遊覽船時，請至售票中心。

使用範圍
日光區域內的東武集團交通工具自由搭乘。搭配東武淺草、晴空塔站出發站至下今市的來回車票。

有效期間
4日

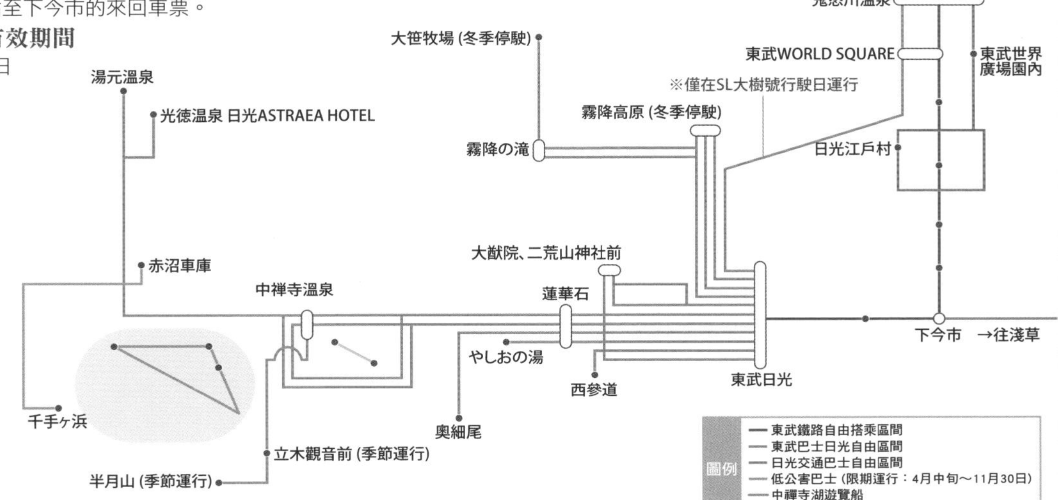

退票
在票券購買日7日之內可在購票點退票。一張需扣除10%手續費。超過7日不可退票。

特典
◎出示日光周遊券可享受觀光設施、搭乘設施、伴手禮及餐飲費用等折扣優惠。
◎東武世界廣場、日光江戶村入場券享折扣優惠。
◎除了日光地區外，淺草也有多間店家購物享95折優惠。
◎若要乘坐特急列車，需另行購買特急券。

其它
使用本票券請走人工改札口，進出站需出示票券。

也可以用其它票券

來回東京搭特急

JR東京廣域周遊券／JR Tokyo Wild Pass
連續三日能搭乘關東區間的JR普通列車、特急列車、JR東日本的新幹線等。大人15000円、兒童7500円。→詳見P.8

連續2天使用

日光世界遺產周遊券／NIKKO PASS world heritage area
除了日光廣域周遊券外，東武鐵道還有推出一張範圍較小的日光世界遺產周遊券，使用自由區間只有日光世界遺產區間的巴士與下今市～東武日光～新藤原的鐵道，日期也從4天縮短為2天。淺草出發大人2120円、兒童630円。

日本人用比較貴

全日光鬼怒川東武通票／まるごと日光・鬼怒川 東武フリーパス
包含從出發站～下今市的來回車票，時間內不限次數搭乘下今市～東武日光、湯西川溫泉等站的東武鐵道，區域範圍內的野岩鐵道，不限次數搭乘區域範圍內的東武巴士。淺草出發12~3月大人5790円、兒童2900円，4~11月大人6320円、兒童¥3180円。

COURSE # 12

START
DAY 1
東武淺草 → 東武日光
東武特急 110分
搭乘特急列車要加￥1650

前進世界文化遺產古蹟名所 神聖莊嚴信仰重地

日光・鬼怒川 一泊二日緩慢行

日光有名聞遐邇的二社一寺：東照宮、輪王寺以及二荒山神社，1999年經聯合國教科文組織登錄為世界遺產；奧日光則擁有優美的中禪寺湖、奔騰的華厳ノ滝，構成旅遊魅力。晚上就到鬼怒川泡溫泉住旅館，感受日光廣域的精緻與美好！

お得チケット 12 日光廣域周遊券

坐這麼多趟！
原本10800円
⇓購票只要
4780円
使用這張票全程省6020円

Check List

沿路必看！
☑東照宮三猿、眠貓
☑中禪寺湖
☑SL大樹
☑華嚴大瀑布
☑鬼怒川溫泉鄉

DAY 1

START

7:30	東武淺草駅
↓	東武特急110分
9:20	東武日光駅
↓	東武巴士60分
10:30	三本松
↓	東武巴士10分
12:00	中禪寺金谷ホテル前
↓	東武巴士10分
13:30	船の駅中禪寺
↓	遊覽船 50分
14:20	立木觀音遊纜船發著所
↓	遊覽船 5分
15:30	船の駅中禪寺
↓	東武巴士10分
15:40	中禪寺湖BT
↓	東武巴士40分
18:00	東武日光駅
↓	東武鐵道40分
18:30	鬼怒川溫泉駅

GOAL

DAY 2

START

10:48	鬼怒川溫泉駅
↓	SL大樹30分
11:21	下今市駅
↓	東武鐵道08分
12:00	東武日光駅
↓	東武巴士10分
12:30	東照宮東參道
↓	東武巴士06分
15:30	田母沢
↓	東武巴士10分
16:30	東武日光駅
↓	東武鐵道110分
18:30	東武淺草駅

GOAL

Point

讓旅行更順暢的小方法

◎淺草~下今市站間的鐵路來回限使用1次。
◎光是東武鐵道來回、東武巴士進中禪寺湖來回就已經回本，外國人造訪日光不用就虧大了！
◎中禪寺湖一帶的東武巴士冬季運行時間要注意。
◎東照宮的下神庫、背面唐門、渡廊等處整修中，但不影響參觀，依舊人潮滾滾，預計2024年3月31日完成。

東武巴士 60分 → 三本松 → 東武巴士 10分 → 中禪寺金谷ホテル前 → 東武巴士 10分 → 船の駅 中禪寺

三本松巴士站步行1分

戦場ヶ原

P.149,B3 栃木縣日光市中宮祠

戰場之原相傳是男體山之神和赤城山之神在遠古時決戰的場所。現今所看到近四百公頃的遼闊濕原，在古時原本是男體山爆發後形成的堰塞湖，在火山噴出物、沙土與蘆葦等各種水生植物殘骸淤積後而形成。沿著木棧道健行，6月中旬至8月上旬百花綻放，10月中旬時赤黃色的草原襯著楓紅。

也可以去這裡

竜頭の滝

P.149,B3 栃木縣日光市中宮祠

湯川流經戰場之原後注入中禪寺湖，在流入中禪寺湖前分岔成兩道優雅的瀑布，名為「龍頭瀑布」，與華嚴瀑布、湯瀑布並列奧日光三名瀑。標高1350公尺的龍頭瀑布最美的時節莫過於秋天紅葉時分，以及5月新綠的時候，花葉飄散在雪白的流水上，翻滾捲動著的姿態如詩如畫。

中禪寺金谷ホテル前巴士站步行1分

YUKON

P.149,B3中禪寺金谷飯店 栃木縣日光市中宮祠2482 11:30~15:00 咖哩飯￥2800

由金谷飯店經營的木屋餐廳YUKON，店內大量使用加拿大育空河運輸的木材建成，最受著目的招牌料理，則源自在倉庫深藏百年的咖哩食譜。百年咖哩可選擇的配料有牛肉、雞肉、野菜等四種，嚐來暗藏甜韻，微酸微辣的滋味令人著迷。

船の駅中禪寺前巴士站步行1分

中禪寺湖遊船

P.149,B3 栃木縣日光市中宮祠2478 遊船9:30~16:00(依季節、路線略有不同) 遊湖一周行程￥1520(約60分)

中禪寺湖是日光連山主峰男體山火山噴發時所形成的高山堰塞湖，周長約25公里，是栃木縣內最大的湖泊。秋天楓紅時分，碧藍的湖水襯著湛藍的晴空，倒映著深秋紅葉燦爛似火般的剪影，令人心醉不已。搭乘遊覽船，欣賞湖光山色，最是愜意。

立木觀音遊覽船發著所步行2分

中禪寺立木觀音

P.149,B3 栃木縣日光市中宮祠2578 約8:00~16:00，依季節改變 拜觀￥500

中禪寺是日光輪王寺的別院，供奉十一面千手觀音像，據傳是勝道上人在湖面看到千手觀音的模樣，即刻用桂木雕刻而成的。在本堂後的五大堂供奉著五大明王，值得一提的是天花板的雲龍圖出自昭和畫伯堅山南風之筆，氣勢恢宏，與堂外的湖水風情自成一格。

也可以去這裡

英國大使館別墅

P.149,B3 栃木縣日光市中宮祠2482 9:30~16:00(依季節而異) 休12~3月 ￥300

從立木觀音順著湖畔慢慢散步至英國大使館別墅，一整面開放的設計，除了展示大使館中的舊有文物、重現英式生活之外，在2樓並設有咖啡座席，讓人面對著湖景感受中禪寺湖最大的魅力。

中禪寺湖巴士站步行3分

華嚴瀑布

P.149,B3 栃木縣日光市中宮祠 觀瀑電梯8:00~17:00 (依季節而異) 觀瀑電梯來回大人￥570、小孩￥340 kegon.jp

華嚴瀑布與茨城縣的袋田瀑布、和歌山縣的那智瀑布同為日本知名度最高的三大名瀑，特別是華嚴瀑布，從97公尺高的岩壁上往下衝，聲勢格外不同凡響。華嚴瀑布5月春天兩側山壁染上新綠，6月白腹毛腳燕在四周飛舞，1~2月時細小水流會凍結成冰，一年四季風情萬種。

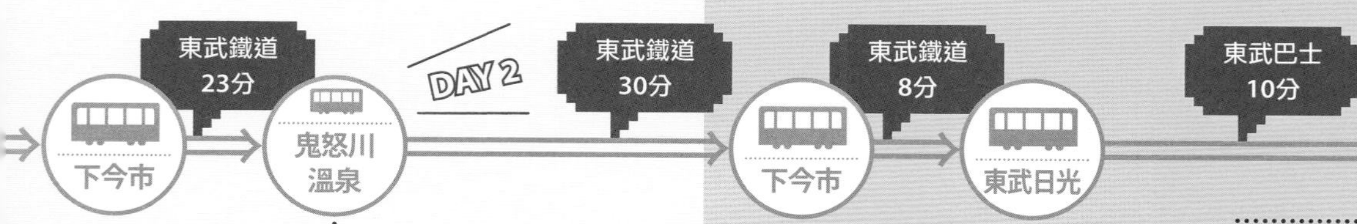

轉乘東武鬼怒川線

東照宮東参道入口
巴士站步行2分

SL大樹

P.149,D2-D3 下今市～東武世界廣場～鬼怒川溫泉 每日運行四班次，下今市發車：9:33、10:29、13:30、15:01，鬼怒川溫泉發車：11:14、12:53、15:05、16:43(單程約35分) 下今駅～鬼怒川溫泉駅-大人¥790~1030(依不同型號收費)

需加購SL乘車券760円

東武鐵道曾以貨物運輸為大宗，全盛時期有85台SL（蒸氣火車）在這段路線上奔馳著，自從1966年全面廢除SL運行以來，睽違半個世紀，2018年在東武鬼怒川線、下今市駅至鬼怒川溫泉駅之間12.4公里的路線上復活，名為大樹。伴隨嘟嘟汽笛聲，大車輪規律地運轉，與軌道鏗鏗鏘鏘規律地震動，SL大樹號繼續負著時光前行。

也可以去這裡

看火車調頭

下今市駅、鬼怒川溫泉駅

車抵終點站後，會進行車頭轉向，不妨留下自由參觀

搭乘SL列車來到下今市駅後，可別錯過一天三次的轉車台表演。火車頭緩緩駛至轉車台，車頭360度繞一圈，讓每個觀客都能近距離欣賞火車的細部。

明治の館

P.149,A1 栃木縣日光山內2339-1 0288-53-3751 11:00~19:30 www.meiji-yakata.com

原是明治時代美國貿易家Frederick W. Horn所建的別墅，當時請來日光工匠不惜時間成本打造，其中以亂石砌方式築造的日光石石牆，更是珍貴的近代遺產，因此於2006年列入「登錄有形文化財」。店內提供家常西式料理，還推出多項結合湯波、干瓢等當地特產的菜色，深受歡迎。

日光東照宮

P.149,A1　栃木縣日光市山內2301　4~10月9:00~17:00，11~3月9:00~16:00　¥1300　www.toshogu.jp　目前正進行平成大修理， 2019年4月1日至2024年3月31日預計整修下神庫、背面唐門、渡廊等處。

1999年12月由聯合國教科文組織將其登錄為世界遺產的日光東照宮，是為了祭祀江戶幕府第一代大將軍德川家康，1617年由二代將軍秀忠開始修建，而到了三代將軍家光時，更花下大筆經費、窮天下工匠絕藝將東照宮修築得絢爛奪目。以「非禮勿視、非禮勿聽、非禮勿言」聞名的三猿雕刻、寓意天下太平的「眠貓」等皆為必看之處。

二荒山神社

P.149,A1　栃木縣日光市山內2307　4~10月8:00~17:00、11~3月8:00~16:00　神苑¥300、寶物館¥500　www.futarasan.jp

二荒山神社是是日光山岳信仰的主祭神社，建築莊嚴充滿著神道教的樸實無欲，其中還祭祀著福緣結守之神「大己貴命」，求子安產之神「田心姬命」等神靈。神苑中有股稱做「二荒靈泉」的神泉，傳說喝了可以治療眼疾，一旁的茶亭還有賣用此靈泉所製的抹茶和咖啡呢。

也可以去這裡

滝尾神社

日本栃木縣日光市山內2310-1　自由參拜

二荒山神社的別宮「滝尾神社」，這裡祭祀著二荒山神社主祭神之妃子「田心姬命」，以子授、安產祈願聞名，除了境內巨大的三本杉、酒泉、緣結竹等，來到參道上撿起小石頭，朝「運試しの鳥居」丟去，若石子能穿過鳥居上的圓洞，便能求得幸福。

田母沢 → 東武巴士 10分 → 東武日光 → 東武特急 110分 → 東武淺草 GOAL

搭乘特急列車要加￥1072

田母沢巴士站步行1分

輪王寺

P.149,A1 栃木縣日光市山內2300 4~10月8:00~17:00、11~3月8:00~16:00 輪王寺券(三佛堂・大猷院)¥900 www.rinnoji.or.jp

日光山輪王寺為天台宗的信仰重地，相傳是766年日光開山聖祖「勝道上人」所開建，祭祀著千手觀音、阿彌陀佛、馬頭明王，分別象徵著日光三山的男體山、女峰山以及太郎山，鎮守著日光山中神靈聖地。其中供奉千手觀音、阿彌陀佛、馬頭明王三神的是三佛堂，為日光山中最大的建築物。

也可以去這裡

家光廟大猷院

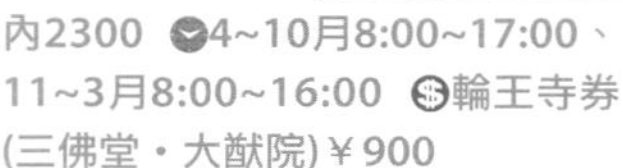

P.149,A1 栃木縣日光市山內2300 4~10月8:00~17:00、11~3月8:00~16:00 輪王寺券(三佛堂・大猷院)￥900

大猷院是三代將軍德川家光的墓所。朝著東照宮所建，為了表示對祖父的尊崇，建築規模不能凌越東照宮，以較沉穩的金、紅、黑三色為基調，造形洗練優美。

田母沢御用邸紀念公園

P.149,A1 栃木縣日光市本町8-27 9:00~17:00(入場至16:00) 休週二、年末年始 ￥600

日光田母澤御用邸為日本大正天皇還是皇太子時所住的靜養之地，是現存的明治、大正期間的御用邸建築中最大規模的木造建築物，可以見到當時建築技術、精工繪畫以及傳統文化之美。經整建後於2003年對外開放參觀，除了和風中融合著歐式的建築外，還擁有一座美麗的庭園，園中生長著一株樹齡400年的枝垂櫻，春日花飛蝶舞吸引了許多目光。

鐵道+巴士自由區間 + 設施折扣

富士山・富士五湖通票

Mt. Fuji and The Five Lakes passport

2日內自由搭乘富士五湖區域間巴士與富士急行電車自由區間

3300円
兒童1600円

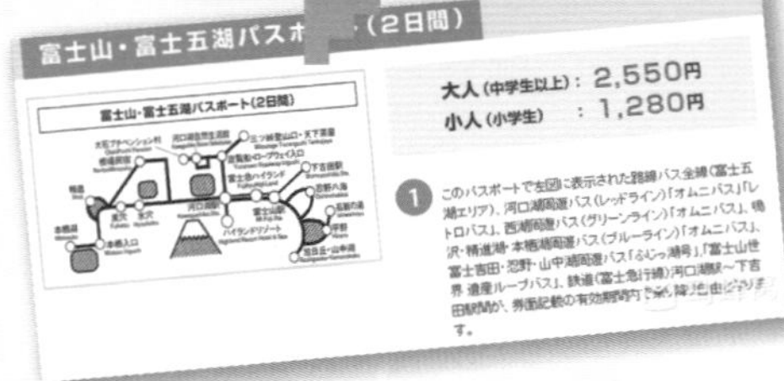

以富士山北麓區域的富士急巴士為中心，將觀光客最常利用的河口湖周遊巴士、西湖周遊巴士、鳴沢・精進湖・本栖湖周遊巴士、ふじっ湖号、富士山區域路線巴士等全都納入使用範圍，讓你在2天內任意搭乘，玩遍富士五湖的每一個角落。

這樣的你適合用這張票

- ◎有充裕時間玩遍富士五湖
- ◎前往河口湖至少2天1夜行程
- ◎不怕公車人擠人
- ◎方向感不錯

富士山全能票！

富士山周遊券／Mt. Fuji Pass

外國人限定，可以無限次乘坐富士山區域之間富士急行運營的電車和巴士，還包含各大景點門票，是張全能票券。分為單日、二日、三日券，大人單日5500円、二日8000円、三日10000円，兒童半價。

2日間富士五湖　自由區間交通隨意搭乘

能搭乘交通工具

富士急電車(區間)	河口湖・西湖周遊巴士	ふじっ湖号	富士急高速巴士
○*	○	○	X
富士吉田市 巡環巴士	**富士五湖路線巴士**	**富士登山巴士**	**馬返巴士**
X	○	X	X

○*富士急行電車只可使用河口湖~富士下吉田區間

使用範圍

富士五湖區域間巴士、富士急行電車自由區間任意搭乘。

有效期間

2日，限購買當日連續使用。

購買地點

富士山駅、河口湖駅、森の駅旭日丘（山中湖）、三島駅、富士宮駅、御殿場駅

退票

票券售出不可退票。

特典

出示本券可享觀光設施、溫泉、伴手禮及餐飲費用等折扣優惠或是小禮物。

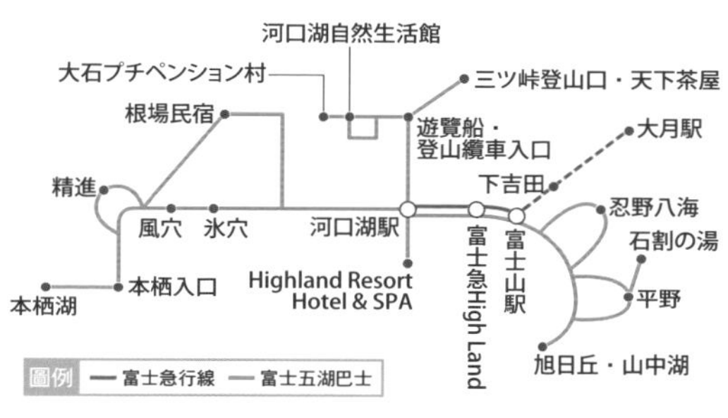

巴士+
電車！

經典路線！

富士山
西邊通用！

富士山・富士五湖・富士急電車通票／富士山・富士五湖パスポート「富士急電車セット」

內容與富士山・富士五湖通票相同，但多了富士急電車全線自由搭乘。使用期限同樣為2日，大人4700円，兒童2360円。

河口湖、西湖、鳴沢・精進湖・本栖湖通票／河口湖、西湖、鳴沢・精進湖・本栖湖エリア共通フリークーポン

可在2日內自由搭乘此區域間的周遊巴士，包括河口湖周遊巴士(紅線)、西湖周遊巴士(綠線)、鳴沢・精進湖・本栖湖周遊巴士(藍線)與一般路線巴士。大人1700円，兒童850円。

富士山西麓巴士通票／富士山西麓バス周遊きっぷ

可以在2日內自由搭乘富士駅～河口湖間的路線巴士、富士宮區域內的指定曲間路線巴士、富士宮內定期巴士「強力くん」，與河口湖、西湖、鳴沢・精進湖・本栖湖等周遊巴士。大人2500円，兒童1250円。

也可以用其它票券

COURSE #13

START DAY 1 河口湖

山梨側玩樂不間斷
富士絕景巡遊

富士五湖兩天一夜

富士山麓多湖，特別是在北側山梨縣，隨著火山熔岩而生的天然地貌，富士五湖──本栖湖、精進湖、西湖、河口湖、山中湖，都是火山堰塞湖。因為湖面平靜，各種逆富士在五湖中競美，其中以河口湖與山中湖名氣響亮，就以河口湖為交通樞紐，搭上巴士巡遊各地吧！

坐這麼多趟！

原本5580円

⇓ 購票只要

3300円

使用這張票全程省2280円

DAY 1 START

9:05	河口湖駅
↓	富士急巴士30分
9:44	西湖コウモリ穴
↓	富士急巴士06分
10:50	西湖いやしの里根場
↓	富士急巴士10分
12:29	道の駅かつやま
↓	富士急巴士10分
14:00	河口湖ハーブ館
↓	富士急巴士15分
14:30	久保田竹一美術館
↓	富士急巴士10分
15:30	遊覽船纜車入口
↓	富士急巴士12分
18:00	河口湖駅

GOAL

DAY 2 START

9:05	河口湖駅
↓	富士急行電車13分
9:44	下吉田
↓	富士急行電車06分
10:50	富士山
↓	富士急巴士05分
10:50	淺間神社前
↓	富士急巴士20分
14:00	山中湖旭日丘
↓	富士急巴士16分
14:30	忍野八海
↓	富士急巴士10分
12:29	富士山レーダードーム前
↓	富士急巴士20分
18:00	河口湖駅

GOAL

Check List

沿路必看！

- ☑富士山
- ☑河口湖
- ☑青木原樹海
- ☑富士急樂園
- ☑山中湖水陸河馬號

Point

讓旅行更順暢的小方法

◎入住河口湖記得選面富士山的飯店。

◎看富士山全憑運氣，因天氣因素有可能會看不見。

◎搭乘巴士由後門上車，前門付款下車。

◎每年4月中～5月底富士芝櫻盛開期間會加開一台芝櫻Liner，持本票券亦能搭乘，千萬不要錯過。

富士急巴士
30分

西湖コウモリ穴

富士急巴士
6分

西湖いやしの里根場

西湖コウモリ穴站
步行1分

西湖蝙蝠穴

山梨縣南都留郡富士河口湖町西湖2068 3月20日~11月30日的9:00~17:00 ￥300

出示車票 門票打9折

「西湖蝙蝠穴」總長有350公尺，洞穴因火山熔岩噴發時與湖水交錯所產生的瓦斯氣體，而形成上下相通的洞穴、熔岩鍾乳石與繩狀熔岩等特殊地質；目前開放的部份，地型大致平坦，但洞頂凹凸不平，要小心頭部碰撞。洞窟終年溫暖，因而棲息許多蝙蝠，才有「蝙蝠穴」的名稱。

也可以去這裡

富岳風穴

山梨縣南都留郡富士河口湖町西湖青木ヶ原2068-1 約9:00~17:00 ￥350

由玄武岩構成的富岳風穴，沿途可見冰柱、熔岩棚、繩狀熔岩、熔岩池與樹型熔岩等各種地質型態，全年平均溫度攝氏3度；在過去作為儲藏蠶繭之地，而今除了復原當時情況供展示之用，日本林務局也利用富岳風穴內保存日本各地的杉、檜、柚木與松樹種子，待春天再送到山梨縣各處進行育苗與植栽。

西湖蝙蝠穴
步行1分

青木原樹海散步道

山梨縣富士河口湖町西湖青木ヶ原 Natural Guide Tour：1.定時導覽：不用預約，配合周遊巴士抵達的時間，於5分鐘後開始導覽行程。全程約1小時，每人費用￥500，導覽範圍為西湖蝙蝠穴周邊。

青木原樹海佔地廣袤，健行步道外未開發之地因為通訊不佳、人跡罕至，林相又單一，確實容易迷路。但是除卻「自殺聖地」的污名，青木原樹海也是個沒有圍牆的地質與生態博物館，健行與探險行程相當好玩！如果不放心自己進入樹海，也可以參加Natural Guide Tour，由專業嚮導帶領一同進行樹海巡禮。

西湖いやしの里根場站步行1分

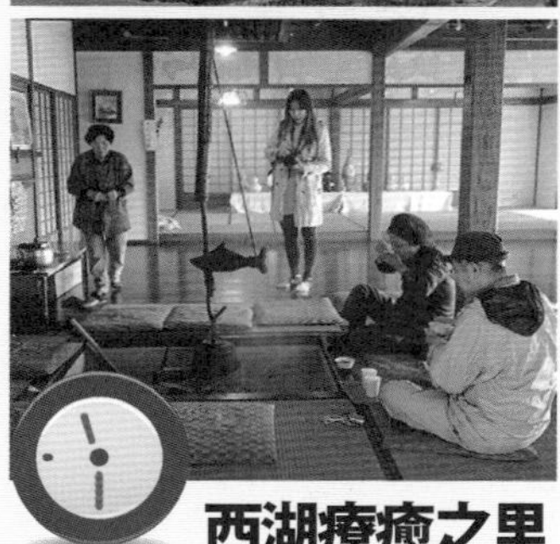

西湖療癒之里根場

山梨縣南都留郡富士河口湖町西湖根場2710 3~11月9:00~17:00、12~2月9:30~16:30 ￥500

出示車票 贈送明信片

西湖療癒之里根場就位於富士山旁的西湖湖畔，過去曾經因為颱風來襲造成嚴重土石流，村民被迫遷村，2005年開始計畫重建，隔年正式開幕。療癒之鄉裡有許多茅草蓋成的民家，風景極佳，各個民家裡有不同的體驗課程，包含手織布、手工薰香等，還設有賣店與餐廳，喜歡手作體驗的人千萬不要錯過！

富士急巴士
10分

道の駅
かつやま

富士急巴士
10分

河口湖
ハーブ館

道の駅かつやま站
步行1分

道路休息站勝山

P.150,B3 山梨縣南都留郡富士河口湖町勝山3758-1 9:30~16:00

位在河口湖畔的勝山休息站，門前的小海公園與河口湖景色充滿休閒氣氛，開幕時村長得到糸力的店主同意，將這美味咖哩引進，讓往來的旅客不用到本店也能品嚐到道地的咖哩美味。糸力咖哩可分為四個口味，各自用的香料、肉類都不同，人多時不妨點不一樣的互相比較口味，也是一種樂趣。

河口湖ハーブ館站
步行1分

河口湖ハーブ館

P.150,C3 山梨縣南都留郡富士河口湖町船津6713-18 9:00~18:00、11~3月9:00~17:30 免費參觀 www.herbkan.jp

充滿歐洲情調的香草，是美麗的觀賞植物也是香氣撩人的香油，還可以製成各式花草藝品，河口湖香草館與香水小舍就位於湖邊，歐風小屋的造型，讓人以為來到了歐洲。館內可以試試壓花、乾燥花花圈等手作體驗，離開時別忘了選買紀念品，是河口湖最有人氣的景點。

也可以去這裡A

山梨寶石博物館

P.150,C3 山梨縣南都留郡富士河口湖町船津6713 3~10月9:00~17:30、11~2月9:30~17:00 休 週三、年末 ￥600

山梨寶石博物館是日本唯一的寶石博物館，是由從事寶石加工的企業所開設，為了讓人認識美麗的寶石而成立。博物館的建築外觀讓人彷彿造訪歐洲美術館，收集了約500種、3000件來自世界各處的寶石，館內的展示空間以黑色為主，襯托需要光源照亮更顯耀眼迷人幻彩的寶石。

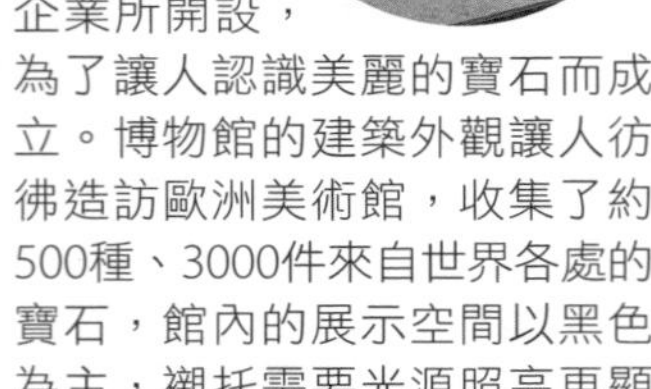

也可以去這裡B

河口湖Muse館－与勇輝館－

P.150,C2 山梨縣南都留郡富士河口湖町小立923 八木崎公園 9:00~17:00(入館至16:30) 休 週四、年末 ￥600 www.musekan.net

河口湖Muse館，是專門展出藝術家与勇輝作品的小型美術館。与勇輝先生是日本相當著名的人偶製作專家，所製作的布製人偶娃娃，就像落入凡間的小精靈，維妙維肖的神情各自有著自己的生命與光彩，常設展約展出80~90項作品。

富士急巴士
15分

久保田竹一美術館

富士急巴士
10分

遊覽船纜車入口

久保田竹一美術館站步行3分

遊覽船纜車入口站步行3分

久保田竹一美術館

P.150,C1 山梨縣南都留郡富士河口湖町河口2255 10:00~17:00(最後入場16:30) 休 週二(10-11月無休) $ ￥1300

出示車票 門票折扣100円 贈書籤

從入口穿過林徑小道、小溪後，外觀猶如高第建築風格的美術館就半隱在林間，先看到依斯蘭色彩艷麗的串珠展示室，走過階梯，另一棟日式建築內收藏了名為「幻之染法」的華美和服，呼應著美術館所在地，還展示了一系列以富士山為主題的和服。

也可以去這裡A

河口湖オルゴールの森美術館

P.150,D1 山梨縣南都留郡富士河口湖町河口3077-20 10:00~17:00 $ 大人￥1800

音樂之森美術館緊鄰湖邊，園區由數棟建築及美麗的庭園組成，在一片可以遠眺富士山雄偉景色的大草坪上，坐落著五幢歐洲風味的小屋，包括音樂盒美術館、餐廳、咖啡館、畫廊，讓人如置身歐洲童話村中，處處飄揚著幽雅樂聲。

也可以去這裡B

猿まわし劇場

P.150,D1 山梨縣南都留郡富士河口湖町河口2719-8 平日2場、週末例假日3場(每場約40分) 休 週二三(依季節休日不同)、年末年始 $ ￥1700

在日本已有上千年歷史的耍猴雜技，重現於河口湖的藝猴雜技劇場，這兒的猴子會耍寶跳舞、踩高蹺、跳火圈，還會與人握手及拍照留念，舞台上提供了中文、英文、韓文等對白字幕，又調皮又聰明的猴子耍起雜技時趣味橫生、笑料不斷，讓大人與小孩同享歡樂、共度快樂時光。

河口湖遊覽船天晴（あっぱれ）

P.150,D3 山梨縣南都留郡富士河口湖町船津4034 9:00~16:30(冬夏營時稍不同)，每30分1班；繞湖一周約30分鐘 $ 大人￥1000

出示車票 船票200円

2020年全新整裝完成的遊船，以戰國時代「水軍」船艦為設計意象，不論外觀、內部的榻榻米座椅等都滿滿和風，還提供簡易服裝、小道具等供遊客穿搭拍照。想像身置戰國時代，雄風壯志一覽這360度的富士山壯闊環視美景，也有機會拍攝到水中逆富士。

富士急巴士
15分

河口湖

DAY 2

富士急行
電車13分

下吉田

遊覽船纜車入口站
步行3分

河口湖~富士山全景纜車

P.150,D3 山梨縣南都留郡富士河口湖町浅川1163-1 平日9:30~16:00、週末例假日~17:00，湖畔駅~富士見台駅約3分 大人來回¥900、單程¥500

出示車票 纜車 720円

想一覽湖光山色，沒什麼比得上纜車。搭乘纜車登上高1075公尺的展望台，碧綠的河口湖、似近又遠的富士山、火柴盒般的富士吉田市街，都在眼前；天氣晴朗時，更遠的南阿爾卑斯連峰、山中湖等也盡收眼底。來到山頂還可購買限定的富士山造型仙貝與兔子神社御守，可愛的外型相當討喜。

也可以去這裡

Fujiyama Cookie

P.150,D3 山梨縣南都留郡富士河口湖町浅川1165-1 0555-72-2220 10:00~17:00 富士山餅乾單片¥140

2011年開幕的Fujiyama Cookie，是河口湖的知名伴手禮之一，正如其名所示，販售的就是富士山造型餅乾，原料選用國產麵粉與富士山的蜂蜜，一片片手工烘烤，讓餅乾能保有食材原有的甜味與香氣。

下吉田駅
步行20分

新倉山淺間公園 忠靈塔

山梨縣富士吉田市新倉3353 自由參觀

以拍攝富士山風景為主題的「富士見百景」中，忠靈塔始終是個辨識度超高的景點。淺間公園位於新倉山的山腰，雖然397個台階是個小挑戰，但一旦克服便能將富士吉田市的風光盡收眼底。而在此處拍攝的富士山，是最優美的正面姿態，所以無論背景是春櫻冬雪，富士山與忠靈塔的合照總是遊人們最樂此不疲的構圖方式。

富士急行
電車6分

富士山

富士急巴士
5分

淺間
神社前

淺間神社前站
步行5分

也可以去這裡

下吉田倶楽部

山梨縣富士吉田市新町2-8-12 0555-22-1777 10:00~16:00
休 週三

於2009年重新翻修過的下吉田駅飄散著濃濃的當地人文氣息，車站內挑高的空間設計與高處的採光窗，優雅的流動空間感便是出自水戶岡鋭治之手。車站內自營的下吉田倶樂部，供應當地食材製作的餐點、咖啡等，吸引許多鐵道迷前來探訪。

北口本宮富士淺間神社

山梨縣富士吉田市上吉田5558 8:30~17:00 sengenjinja.jp

開山歷史最早最早可以上溯至西元110年的北口本宮富士淺間神社，至今已有近2000年的歷史，參道兩旁高聳的杉樹非常壯觀，全境氣氛肅誠寧靜，即使不是富士山神靈的信仰者，在此也可得到旅途中難有的歇養。

富士急巴士
20分

山中湖
旭日丘

山中湖旭日丘站
步行1分

水陸兩用KABA

P.151,C3 乘船地在旭日丘BT 2F 依季節而異，從9:30起一天約8班次，人多時可能會加開，詳洽官網 ¥2500 www.kaba-bus.com/yamanakako/

從旭日丘BT出發後，先繞行陸地一小圈，沿路會有解說員一路說明，透過小問答來加深印象，達到育教於樂的效果。運行十多分後，巴士來到湖畔，重頭戲即將登場。司機會先停一下，接著一股作氣往湖裡衝！兩側濺起的水花製造了盛夏的清涼感，而巴士也正緩緩運行於水面上，真的就像河馬一樣，水陸兩棲！

也可以去這裡A

山中湖の白鳥の湖

P.151,C3 乘船地點有二：山中棧橋、旭日丘棧橋 山中棧橋：9:45~16:15間每60分一班；旭日丘棧橋：9:30~16:30間每60分一班，航行時段一次約25分 ¥1100

由水戸岡鋭治經手打造的內部空間有其一貫的風格，優雅摩登。當這隻美麗的天鵝船靜靜的停在湖面上時，以雄偉富士山為背景的景色，也成為山中湖最熱門的拍照點之一。

也可以去這裡B

山中湖文學之森

P.151,C3 山梨縣南都留郡山中湖村平野506-296 10:00~16:30 ¥500

山中湖文學之森，共有15座刻有名家作品的石碑，漫步其間，除了可以來趟有益身體的森林浴，還可充實心靈。境內的三島由紀夫文學館內收集的檔案資料齊全，從小說、戲曲、評論與散文集，完整呈現三島由紀夫傳奇的一生。

富士急巴士
16分

忍野八海

忍野八海站
步行5分

忍野八海

P.151,B1 山梨縣南都留郡忍野村忍草 自由參觀

忍野八海，這個可眺望富士山、有著8個清澈湧泉池的村子，是富士山雪水融化流入地底後、歷經數十年再度從這裡緩緩流洩而出，村內外錯落的泉池讓這裏不但清淨優美，也是數百年前「富士講」的靈修之處。雪水經過長達20年的歲月終自此八泉湧出，泉質清冽澄澈，透見湛藍幽邃的矽藻土池底，蔓生的水草在池中搖曳如原野風起，魚兒優游逡巡其間，如夢似幻。

也可以去這裡

岡田紅陽寫真美術館

P.151,A1 山梨縣南都留郡忍野村忍草2838-1 10:00~17:00 休週二 ¥500

岡田紅陽為日本攝影名家，以拍攝富士山而聞名。拍攝的富士山風景從不重複，其從本栖湖西北岸邊所拍攝的富士山名照「湖畔の春」，是今日千円上的圖像。這裡常年展示攝影家岡田紅陽的50幅富士山代表作及其使用相機。

富士急巴士
10分

富士山レーダードーム前

富士急巴士
20分

GOAL

河口湖

富士山レーダードーム前站步行1分

富士山レーダードーム前站步行3分

富士山レーダードーム館

出示市票 門票 500円

P.151,A1 山梨縣縣富士吉田市新屋1936-1 9:00~17:00 休週二（7、8月無休） 入館￥630

完工於1964年的富士山頂雷達站，主要功能是用來觀測全國氣候，經歷了35個年頭，在天氣預報與災害防止盡了極大貢獻後，1999年因觀測技術發達而廢止。2000年搬移至現址，作為記錄日本電氣工學技術與教育參觀之用，來到這裡除了可見証當時雷達建設時景況，在2樓還能體驗富士山頂溫度-5℃、風速13m/h的惡劣氣候。

富士山啤酒

P.151,A1 山梨縣縣富士吉田市新屋1936 0555-24-4800 11:00~16:00(週末~18:00) 休週三 www.fujiyama-beer.com

以富士山天然湧泉釀造的富士山啤酒，在休息站(道の駅)開設了直營店面，除了提供三種口味、最新鮮的現釀啤酒之外，以富士山麓農場飼養的豬肉為首，各種口味的咖哩飯、豐富多元的餐點讓大人小愛都能盡情享受富士山麓的大地恩惠。

※開車不喝酒・喝酒不開車

鐵道+巴士自由區間

租車優惠

群馬周遊券

ぐんまワンデーパス

1日內自由搭乘群馬縣內JR線、新幹線與4大私鐵線、巴士

2670円

兒童1330円

由JR主要發行的群馬縣一日周遊券，能夠自由搭乘群馬縣內的JR路線與其它私鐵，巡遊在群馬世界遺產之中。以往是限定期間才發售，現在則是天天都能購買使用。另外，相同使用區間、若不需使用到新幹線的話，也有較便宜的選擇。

這樣的你適合用這張票

◎預計前往草津溫泉住一晚
◎有2天以上時間，可以花一整天玩群馬的人
◎想要世界遺產巡禮
◎鐵道迷，前往橫川巡找舊路線

JR全級列車OK！

JR東京廣域周遊券／JR Tokyo Wild Pass

外國人限定，連續三日能搭乘關東區間的JR普通列車、特急列車、JR東日本的新幹線等。大人15000円、兒童7500円。→詳見P.8

1天內在自由區間交通隨意搭乘

能搭乘交通工具

JR線	上信電鐵	上毛電鐵	新幹線
○	○	○	○*
東武鐵道	**渡良瀨溪谷鐵道(區間)**	**JR巴士**	
○	○	Δ*	

Δ*限搭乘JR關東巴士（長野原草津口駅～草津温泉BT、横川～軽井沢間）
○*限搭乘北陸新幹線(高崎～安中榛名)、上越新幹線(高崎～上毛高原)且需要另付特急費。

使用範圍
包含JR線、新幹線與4大私鐵線、巴士，群馬縣內範圍一日自由乘坐。
有效期間
1日
*分為前賣券與當日券，前賣券在搭乘日前一年可購買，當日券則限購買當日使用，逾期作廢。
購買地點
票券自由區間內JR東日本車站的指定席券販賣機、綠色窗口(みどりの窓口)、主要旅行社等。
*自由區間內的其它私鐵車站並無販售。
退票
在票券使用期限內，未經使用的情況下，可在購票點退票。一張需扣除220円手續費。
其它
◎搭乘新幹線、JR特急、東武鐵道特急りょうもう號、JR普通車綠色車輛等，皆需要另外購買特急券、綠色車券、指定席券等票券。
◎持本票券不能搭乘渡良瀨溪谷鐵道的「トロッコ列車」，若想搭乘必需另外購買乘車券。

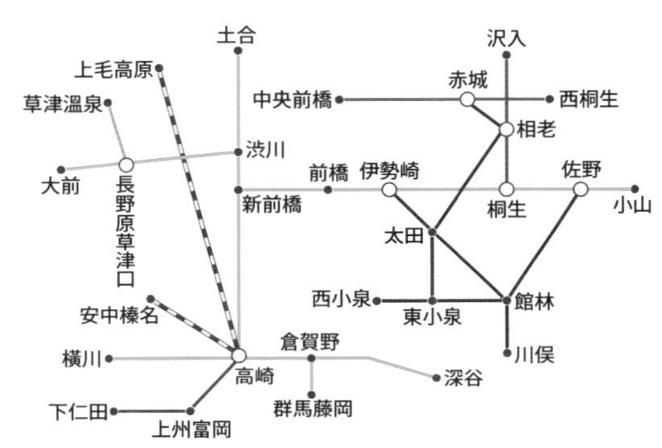

也可以用其它票券

一日無限搭乘！

上信電鐵一日券／1日全線フリー乗車券
可以在一日內使用上信電鐵全線的車票，在高崎、吉井、上州福島、上州富岡、下仁田等站販售。以上各站可以使用免費自行車借用服務。大人2260円、兒童1140円。

伊香保必用！

伊香保一日券／伊香保線フリー乗車券
搭乘JR列車至渋川駅後，轉搭乘関越交通巴士至伊香保溫泉、渋川 Skyland Park地域遊玩更便利。分為一日券跟2日券，可在巴士車上購買或預先透過手機APP也能購買。一日券大人1000円、兒童500円、二日券大人1500円、兒童750円。

入住水上溫泉鄉！

水上溫泉鄉巴士三日券／みなかみエリアパス
外國人限定，連續三日搭乘行駛在水上溫泉鄉的路線巴士。範圍包括後閑駅～猿ヶ京、上毛高原駅～湯の小屋、谷川岳纜車的區間，是要玩水上鄉的實用票券。大人2100円、兒童1050円。

COURSE # 14

START

本日使用票券

前進世界遺產
聆聽鐵路與自然的協奏曲

群馬休日古蹟溫泉旅行

從東京都內要到草津溫泉，沒有直達電車可以搭乘，不妨就到高崎轉車，逛逛世界遺產富岡製糸所，再順遊周邊，追尋群馬的鐵道風情。最後來到草津溫泉住一晚，隔天再前往輕井澤，或是繼續玩遍群馬東半部。

坐這麼多趟！

原本4530円
⇓購票只要
2670円
使用這張票全程省 **1860円**

Check List

沿路必看！必吃！

☑鐵路便當
☑富岡製糸場
☑草津溫泉
☑碓氷峠旧線道

DAY 1 START

8:00	高崎駅
↓	上信電鐵40分
9:00	上州富岡駅
↓	上信電鐵轉JR信越線60分
11:30	西松井田駅
↓	JR信越本線7分
12:30	横川駅
↓	JR信越本線34分
15:00	高崎駅
↓	JR上越線24分
15:30	渋川駅
↓	JR吾妻線60分
17:00	長野原草津口
↓	JR巴士30分
18:00	草津溫泉

GOAL

DAY 2 START

09:30	草津溫泉
↓	徒步逛街
14:00	草津溫泉BT
↓	草輕交通巴士60分
15:20	輕井沢

GOAL

Point

讓旅行更順暢的小方法

◎群馬範圍太大，最好選擇區域來遊玩。

◎群馬縣內被例為世界遺產的4個景點離車站都有些距離，富岡製糸場從上州富岡駅徒步約12分即達，其它從各車站都還有車程約15-30分，在一天內想全逛完有些難度。

◎SL列車以高崎為中心出發，週末、星期五、一會有不同列車，想搭乘要先確認時間。

◎從長野原草津口駅的1、2號乘車處皆可抵達草津溫泉巴士總站。

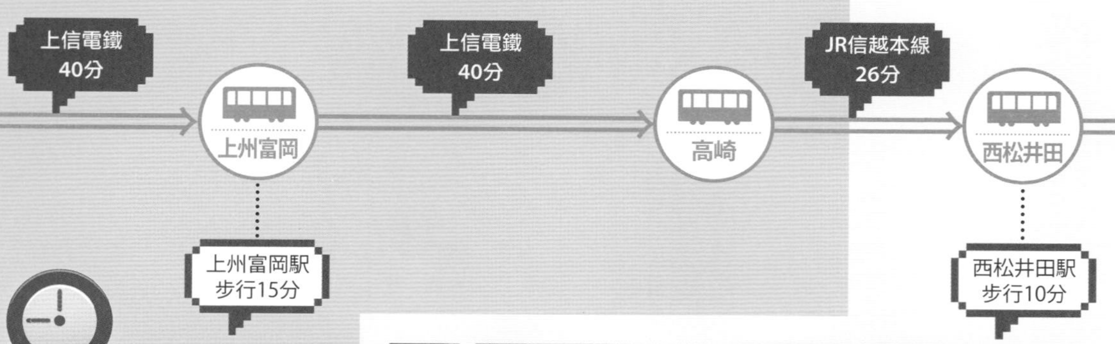

富岡製糸場

群馬縣富岡市富岡1-1 9:00~17:00 休12/29~31 $￥1000

十九世紀末，明治政府為了實現日本近代化之理想，積極進行絲綢外銷之貿易活動，在富岡引進大型機械並大舉招募女工，樹立了模範工廠。富岡製糸場從官方轉給民間，不斷運作了115餘年，被列為國家指定重要文化財的繅絲廠、蠶繭倉庫等主要建築，至今仍保持著明治時代創立的良好狀態。因為對日本近代發展史極有歷史地位，現被列入世界文化遺產。

碓氷製糸株式会社 見學

群馬縣安中市松井田町新堀甲909 週四、日、假日可接受見學申請 $1組(5人以上)￥5000 @emil申請：usui@xp.wind.jp

這是日本僅存的最大製絲廠，全日本四百家的養蠶人家有六成會將蠶繭送到這裡製絲。穿過廠房參觀從蠶繭到製成生絲的過程，從烘乾蠶繭、抽取蠶絲、以11%的濕度存置生絲讓做出的和服更為柔軟，每一個步驟都是長年歲月積累的職人精神。

也可以去這裡

たちばな源氏庵

群馬縣富岡市下黒岩595 ☎0274-63-3338 11:00~15:00，17:30~21:00 休週二

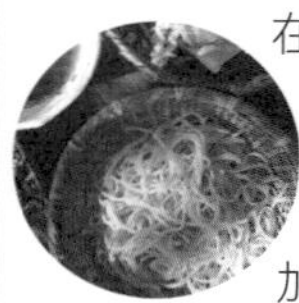

在たちばな源氏庵品以高科技提煉出的蠶絲液富含高纖維與膠質，加入烏龍麵中更添風味。而以季節食材入菜的烏龍麵套餐，不論是鍋物或天婦羅，冷麵或熱麵，Q 彈口感和嚼勁令人大為驚豔。

JR信越本線
7分

JR信越本線
34分

横川

橫川駅
步行1分

橫川駅
步行5分

荻野屋 本店

群馬縣安中市松井田町橫川399 10:00~16:00 休週二 $峠の釜めし¥1300

千里迢迢來到這裡，為的就是橫川車站的「峠の釜めし」，荻野屋生產的這款便當號稱日本最古老的鐵路便當，從1885年開始發售，以益子燒作成的食器，盛入以醬油入味及加入雞肉栗子牛蒡等食材的米飯，是日本鐵道迷最懷念的滋味。

碓氷峠鉄道文化村

群馬縣安中市松井田町橫川407-16 9:00~17:00 休週二 $¥700

碓氷峠鉄道文化村由廢止的橫川轉運站轉型而成的園區，珍藏了能克服險峻路段的 EF63等三十多輛珍貴火車，不僅可以觀賞還能碰觸這些珍寶，同時在園區中還能報名學習並駕駛EF63的課程，也可以坐上迷你蒸汽火車，體驗繞行園區的樂趣。

也可以去這裡A

碓氷峠旧線道

橫川駅～熊ノ平 自由參觀，隧道照明只到18:00，建議不要在晚上造訪

明治時期，為了運送長野與群馬的生絲與輸入物資，因而有了碓冰線鐵道的建設，但是從橫川到輕井澤的碓冰峠路段短短10公里坡度高達千分之66.7，廢線後的鐵道遺跡則規劃為步道，從橫川車站經過碓冰峠的眼鏡橋直達熊ノ平約6公里，沿途穿越10個隧道與4座紅磚橋，走完單程約需2小時。

也可以去這裡B

眼鏡橋

群馬縣安中市松井田町阪本地內

眼鏡橋正式名稱為「碓冰第三橋梁」，是全日本第一大磚砌拱橋，使用了兩百萬塊磚頭，全長91公尺、高31公尺，由英國工程師所建造，每年紅葉祭時點燈兩週，在夜色中也能欣賞到橋身為楓紅所掩映的美麗曲線。

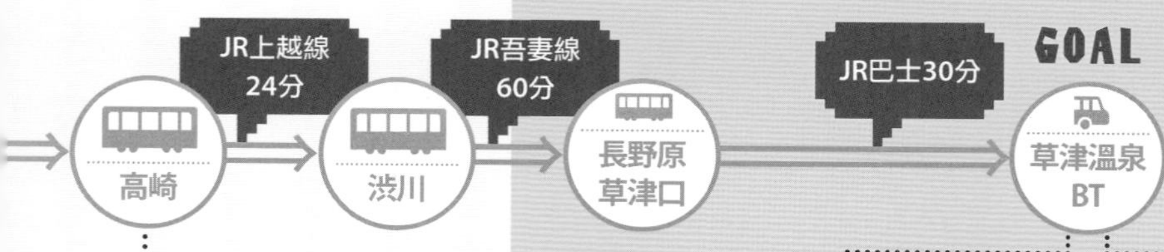

高崎駅東口
出站即達

E'site高崎

P.146,B1 群馬縣高崎市八島町222(高崎駅直結) 9:00~21:00，週日及假日9:00~20:00

位於高崎駅東口的E'site商場集合了群馬縣各地的特產與伴手禮，如達摩、溫泉饅頭、木偶等，還有群馬縣吉祥物群馬將的周邊商品專賣店，所有想得到的群馬伴手禮、酒品、地產、各式工藝品等，全數羅列，逛個1個小時都嫌不太夠。

草津溫泉BT
步行12分

草津飯店

P.147,A4 群馬縣吾妻郡草津町479 Check in 14:00、Check out 10:00 一泊二食，二人一室每人約￥14040起；入湯税￥150另計 www.kusatsuhotel.com/hotel

大正2年(1913年)創立，至今已超過百年歷史的草津飯店，就位在商家集中的草津溫泉街上，雖然名字以飯店為名，但這裡其實是非常道地的日式和風旅館。旅館為三層樓木造建築館，外觀還保留著創業當時厚實沉穩的模樣，館內處處漂逸著大正浪漫時期所遺留下來的懷舊氣氛。

草津溫泉BT
步行12分

湯畑散步

P.147,B4 群馬縣吾妻郡草津町草津

位在草津溫泉街中心位置的湯畑是造訪草津溫泉的必遊景點，「湯畑」在日文意思是「溫泉之田」，可以採集一種被稱為「湯之花」的溫泉結晶。近年請來燈光設計大師面出薰，透過光線與湯煙交織，讓湯畑周邊景致入夜後更加迷幻浪漫。

START

DAY 2

本日不使用票券
只玩草津溫泉

草津溫泉BT

草津溫泉BT
步行5分

熱の湯

P.147,B4 群馬縣群馬縣草津町草津414 9:30、10:00、10:30、15:30、16:00、16:30，一日6場、每場20分鐘 ¥700

由於草津源泉溫度極高，當地人又不願稀釋溫泉、降低療效，因此自古以來衍生出使用長木槳攪拌、使溫泉降溫的獨特方法。熱乃湯是個將此一傳統以「湯もみと踊りショー」表演方式讓旅客體驗之地；只見穿著傳統服飾的女性們，一面吟唱古老溫泉民謠、一面動作齊整地攪拌溫泉，欣賞表演中間也開放2次讓民眾親自下場體驗。

也可以去這裡A

草津煎餅本舖

P.147,A4 群馬縣吾妻郡草津町草津478 8:00~18:00 草津煎餅￥70起

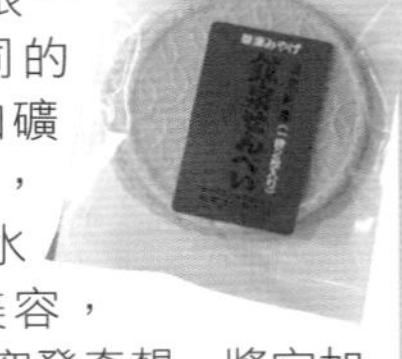

草津煎餅跟一般煎餅不同的是，它是加礦泉水製造的，據說喝礦泉水可以養顏美容，所以老闆就突發奇想，將它加入麵糊裡作成煎餅。礦泉煎餅的味道相當淡雅，既好吃又健康，所以深受遊客喜愛，其他手工菓子也值得一嚐。

也可以去這裡B

松むら饅頭

P.147,B4 群馬縣吾妻郡草津町草津389 8:00~17:00 休週二、三 溫泉饅頭¥1350/9入

來到草津大家必吃的便是「溫泉饅頭」。位在西之河原通上的松むら，販售的溫泉饅頭內餡是店家自豪的美味關鍵，而外皮加了黑糖，看起來與一般的不一樣，聞起來香氣十足，吃在口中Q彈有咬勁，即使放冷了再吃都很美味。由於賣完會提早關店，所以想吃可得趁早哦！

草津溫泉BT
步行3分

とん香

P.147,B5 群馬縣吾妻郡草津町草津23-90 0279-88-6139 11:00~14:00、17:00~20:00 休週三 ヒレかつ定食(炸菲力豬排套餐)￥1870

豬排專賣店とん香在草津非常有名，使用的是自家產的麵包粉，炸豬排時使用低溫油炸，炸起來不油不膩、軟中帶嫩，豬肉是使用日本數一數二的群馬縣產豬隻，配菜所使用的是當地所產名叫「419」的高麗菜，甜味足夠，相當爽口好吃。

草輕交通
巴士60分

GOAL

輕井沢

草津→輕井沢￥2240

草津溫泉BT
步行15分

草津玻璃藏

P.147,A4 群馬縣吾妻郡草津町483-1 9:00~18:00 玻璃珠製作體驗￥1620起

草津溫泉玻璃的由來，是將溫泉湯花加入玻璃，創造出色彩柔和的玻璃製品，觸感也相當地滑順，可做為伴手禮。草津溫泉玻璃藏共有三個館，一號館是展示及販賣玻璃工藝家的作品，門口還有好吃溫泉蛋。二號館是展示販賣彩色玻璃珠作品，三號館則是展示販賣玻璃手飾工藝品。

也可以去這裡A

月乃井

P.147,B4 群馬縣草津町大字草津112-1 0279-89-8002 11:30~18:00，週六日、假日11:30~20:00 休週四

位於湯畑邊，相當顯眼、充滿大正風情的洋樓就是月乃井，以40年前的和風老旅館改裝後，成為一家以提供洋食、甜點、咖啡的洋菓子餐廳。老闆娘以自己小孩都能放心吃的餐點為出發點，細挑食材來源，也把在地特色食材帶入料理中。

也可以去這裡B

茶房ぐーてらいぜ

P.147,C4 群馬縣草津町草津368 0279-88-6888 9:30~17:30 休週二

茶房ぐーてらいぜ屬於草津歷史最老的旅館「日新館」附屬咖啡廳，原本是風呂場的建築，現在變身為咖啡館，優雅木質調的咖啡館內，提供各式咖啡、茶類、自家烘培甜點，也有簡單義大利麵及PIZZA選單。

鐵道自由區間 ＋ 期間限定 春夏秋的週末假日

1日內自由搭乘茨城縣內JR線區間內4大私鐵線

常磐路周遊券

ときわ路パス

2180円
兒童550円

每年的春(1-4月)與秋(9-11月)、及夏季(7-8月)才發售的常磐路周遊券，是幾乎涵括茨城所有鐵道的實用車票(除了筑波特快つくばエクスプレス)。利用這張票來玩遍茨城最是划算，不但JR普通列車隨便坐，兒童票也超便宜，適合週末帶著孩子離開東京來趟一日小旅行！

這樣的你適合用這張票

- ◎預計整天玩茨城，並在境內住一晚
- ◎周末剛好要玩茨城
- ◎想要一早到日立站看日出
- ◎歷史迷，想看三大名園之一偕樂園
- ◎夏天來海邊玩水

茨城縣內各大鐵道普通車一日放題

能搭乘交通工具

JR線	筑波特快	鹿島臨海鐵道
○	X	○
關東鐵道	**真岡鐵道**	**常陸那珂海濱鐵道**
○	○	○

使用範圍

包含JR線、區間內4大私鐵線，茨城縣內範圍一日自由乘坐(限於週末假日使用)。

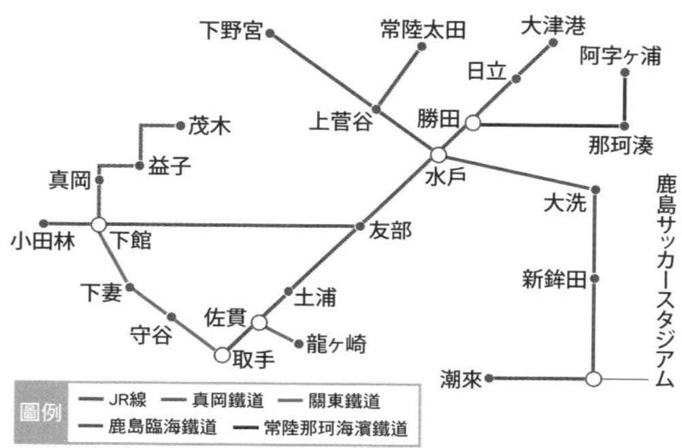

有效期間

1日

*分為前賣券與當日券，前賣券在搭乘日前30天可購買，當日券則限購買當日使用，逾期作廢。

購買地點

票券自由區間內JR東日本車站的指定席券販賣機、綠色窗口(みどりの窓口)等。

*自由區間內的其它私鐵車站並無販售。

退票

在票券使用期限內，未經使用的情況下，可在購票點退票。一張需扣除220円手續費。

其它

◎搭乘JR特急、JR普通車綠色車輛等，皆需要另外購買特急券、綠色車券、指定席券等票券。

◎持本票券搭乘真岡鐵道蒸氣火車SLもおか，需要另外購入SL整理券。

◎JR有一個偕楽園臨時車站，只在偕樂園梅花祭、杜鵑花祭和荻花祭時才會營業。在這臨時車站開放期間，只有下行列車(往水戶)停靠，上行列車(往東京)不會停，要注意。

也可以用其它票券

來回東京搭特急！

JR東京廣域周遊券／JR Tokyo Wild Pass

外國人限定，連續三日能搭乘關東區間的JR普通列車、特急列車、JR東日本的新幹線等。大人15000円、兒童7500円。

→詳見P.8

不能坐JR

湊線一日券+常陸海濱公園門票／湊線１日全線フリー乗車券+国営ひたち海浜公園入園券付きセットクーポン

常陸那珂海濱鐵道的一日自由搭乘車票，還包含了阿字ケ浦～常陸海濱公園的接駁巴士「紫蝶花接駁巴士(4月~5月)」免費搭乘與入園門票。大人1100円、兒童500円。

茨城西半部

常総線・真岡鐵道共通一日券／常総線・真岡鐵道共通一日自由きっぷ

關東鐵道常総線與真岡鐵道（下館～真岡～益子）的一日自由乘車券，只在週末例假日販售。大人2300円、兒童1150円。

COURSE # 15

START

JR常磐線
31分

水戸

沈浸梅香芬芳遊名園
海濱逐風踏浪樂消遙

茨城一日緩慢行

以梅花而聞名的偕樂園是熱愛賞花人士必訪之地，或是到常陸海濱公園觀賞四季的萬紫千紅，以笠間燒而聞名的小鎮更吸引陶藝愛好者。玩了一整天後建議可再回到水戶的熱鬧市區中品嚐茨城自豪的美味──玫瑰豬肉和常陸牛，結束一天精彩行程。

お得チケット 15 常磐路周遊券

坐這麼多趟！

原本3210円
⇓ 購票只要
2180円

使用這張票全程省 **1030円**

START

6:00	水戸駅
↓	JR常磐線31分
6:41	日立駅
↓	JR常磐線25分
8:10	勝田駅
↓	常陸那珂海濱鐵道30分
8:40	阿字ヶ浦駅
↓	常陸那珂海濱鐵道12分
11:30	那珂湊
↓	常陸那珂海濱鐵道15分
12:30	勝田駅
↓	JR常磐線30分
13:00	笠間駅
↓	JR水戶線30分
17:00	水戶駅

GOAL

Check List

沿路必看！必吃！

☑日本三大名園
☑海濱公園粉色花海
☑常陸牛
☑陶瓷之鄉

Point

讓旅行更順暢的小方法

◎阿字ヶ浦駅有免費接駁車至常陸海濱公園，若步行需20分。
◎連接笠間駅與友部駅的周遊巴士，搭一次￥100，一日券￥300，運行在笠間各大景點中。
◎若喜歡鐵道，前往真岡鐵道、益子等地遊玩更回本！

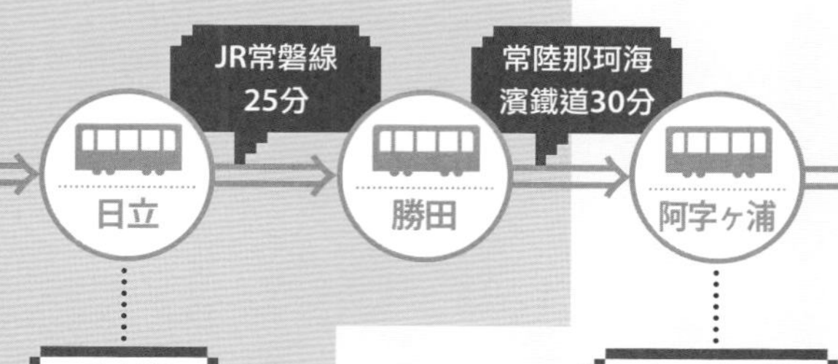

日立駅

P.152,B1 茨城縣日立市旭町1-3-20

以透明玻璃打造的車站體，直走到通廊底端就可看見180度無敵海景，由陸地架設橋面並往濱海的方向延伸出去，雖然車站實體建築仍距離海邊有一點距離，但因高度的視覺關係，加上串聯蔚藍海景，讓人宛如有種浮在海面上車站的錯覺，立刻成為縣內最熱門的景點。

也可以去這裡

SEA BiRDS CAFÉ

日立駅內 7:00~22:00(L.O.21:00) seabirdscafe.com

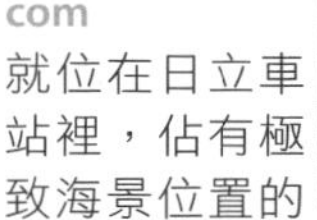

就位在日立車站裡，佔有極致海景位置的這家咖啡店，除了地板與天花板外，四周全都是立地的透明玻璃帷幕所構成，提供各式咖啡與飲品外，甜點與餐品也相當豐富。優雅的氣氛加上無敵海景，很快就成為許多人的朝聖地。

常陸海濱公園

P.152,B1 茨城縣常陸市馬渡字大沼605-4 9:30~17:00，暑期(7月底~8月底)9:30~18:00，冬期(11月初~2月底)9:30~16:30 休週一 入園￥450 hitachikaihin.jp

園方在一年四季分別在園內植上不同顏色的植物，除了春天的櫻花季，春末的粉蝶花一片粉藍十分夢幻；而盛夏時特意植上俗稱掃帚草的地膚子，一片綠意十分宜人，秋季還會變成紅色。冬季雖然無花可賞，但園內架起點點燈光，每當夜幕低垂時便是華燈競演之際。

也可以去這裡

酒列磯前神社

P.152,B1 茨城縣ひたちなか市磯崎町4607-2 自由參拜

酒列磯前神社就位在磯崎海岸邊的岩石高台上，其實神社本身範圍相當小，但近幾年因有人來此祭拜而中了數十億的樂透彩，瞬間成為求錢財的POWER SPOT。

那珂湊海鮮市場

P.152,B2 ひたちなか市湊本町19-8 7:00~16:00(水產)，10:30~20:00(餐廳)，各店家營業時間不一 休各店家休假時間不一

那珂湊海鮮市場臨海港而立，市場裡的7家海鮮餐廳加上外圍的海產店吸引許多饕客前來。「海の駅市場寿し」以賣平價迴轉壽司為主，特色是新鮮、種類繁多、魚肉分量特別大，吃起來超過癮。

常陸那珂海濱鐵道15分 → 勝田 → JR常磐線30分 → 笠間 → JR水戶線36分

笠間駅步行10分

笠間稲荷神社

P.152,C1 茨城縣笠間市笠間1番地 境內自由參拜

笠間稻荷神社為日本三大稻荷神社之一，建於651年至今已經超過1367年歷史，每年都吸引超過350萬信徒到訪參拜，稻荷神社最初是屬於五穀豐收、萬物興盛的祭拜神，後來也衍生成為庇佑商業繁榮的參拜神社，但在例祭、春秋等重大祭典中，仍可看出最初祈求五穀豐收的祭典意涵，也由於狐狸是稻荷神的使者，因此社境內到處可見狐狸雕像以及相關紀念品或是造型護身符。

也可以去這裡

春風萬里莊

P.152,C3 笠間市下市毛1371-1 芸術の村 9:30~17:00(最後入場16:30)，12~2月10:00~16:00(最後入場15:30) 休週一 ￥700

春風萬里莊是笠間日動美術館分館，其建築物本身為江戶時代的茅葺民家，是已故日本藝術家北大路魯山人位於北鎌倉的舊居，美術館將其移築至目前所在地後於昭和40年開館，內部至今仍然保持著魯山人所居住時的模樣。

工芸の丘陶芸美術館站下車即達

茨城県陶芸美術館

P.152,D3 茨城縣笠間市笠間2345 9:30~17:00(入場時間至16:30) 休週一 常設展￥320

專門收藏日本近現代陶藝作品的茨城県陶芸美術館，以「傳統工藝及新造型美術」為主題，提供在地藝術家一個發表展示作品的地方，也透過每年4大企畫展，邀請國內外知名陶藝展出，促進笠間陶藝藝術的交流發展。

GOAL

工芸の丘陶芸美術館站下車即達

笠間芸術の森公園

P.152,D3 茨城縣笠間市笠間2345 8:30~17:00 免費入園

笠間芸術の森公園是以傳統工藝及新型態美術為主題的公園。總面積達54.6公頃，廣大的公園內除了內有笠間工芸の丘及茨城県陶芸美術館這兩個必遊景點之外，還有讓大人小朋友都玩得開心的遊樂設施遊與各種適合舉辦戶外大型活動的廣場。

也可以去這裡

笠間工芸の丘

P.152,D3 茨城縣笠間市笠間2388-1 10:00~17:00 休週一 入館免費，體驗課程￥1650起，所需時間約1小時15分

位於芸術の森公園內的笠間工芸の丘，是想要體驗DIY陶藝創作或者購買紀念品的絕佳選擇。不論想挑戰以轆轤來拉陶，或是自由手捏創作，課程選擇很多，也接受隨來隨上！

偕樂園巴士站下車即達

偕樂園

P.152,A5 茨城縣水戶市常磐町1-3-3 外園24小時開放，本園6:00~19:00、好文庭9:00~17:00 本園￥300、好文庭￥200

1842年，水戶藩第9代藩主德川齊昭打造了偕樂園以「與民偕樂」，園中遍植三千餘株梅樹，達上百種的梅樹，早期是藩主德川齊昭為了貯藏梅干以防饑荒所植，現今是水戶最驕傲的美麗資產。除了最具盛名的冬梅之外，茂密的孟宗竹林也是園中逸景，四季皆美景。

也可以去這裡

千波湖

P.152,B6 偕樂園內

水戶偕樂園屬於池泉回遊自然風景式的大名庭園，但園中卻沒有大名庭園裡最重要的大泉池造景，因為偕樂園就坐擁著天然的美麗湖泊——千波湖，湖面閃耀著金色的陽光，從好文亭咖啡3樓的樂壽樓往千波湖方向望去，天開地闊地讓心胸為之開朗。

水戸駅步行10分

常陸之國もんどころ

P.152,D6 茨城縣水戶市城南1-3-2 050-2019-7796 17:00~24:00(L.O.23:00) 鮟鱇鍋1人份¥1590(期間限定)

常陸之國もんどころ入口簡約又窄小，強調以茨城縣地產食材所提供的各式料理，包含常陸牛、奥久慈軍雞、各式地產蔬果、地產酒類，甚至是讓人很難下手的高單價茨城名物—鮟鱇鍋也能吃得到。

也可以去這裡

水戶EXCEL

P.152,D5 茨城縣水戶市宮町1-1-1 2~5F購物10:00~20:00、6F餐廳11:00~22:00(L.O.21:30)

位在JR水戶駅大樓的EXCEL分為EXCEL(本館)及MINAMI EXCEL(南館)，兩館中間則以2、3F的EXCEL Plumstreet購物街道連結，水戶車站的進出閘口就在2F，想買藥妝、喝杯咖啡或吃個輕食再上車，都很方便。

附錄

機場進出優惠票券

	N'EX去回票 N'EX TOKYO Round Trip Ticket	Skyliner＋東京地下鐵 Keisei Skyliner & Subway Ticket	東京Shuttle+ 東京地下鐵 Tokyo Shuttle & Subway Ticket
機場	成田空港	成田空港	成田空港
使用區間	成田空港～東京指定區間的N'EX去回車票。	成田空港～京成上野駅間的Skyliner單程、去回車票+東京地下鐵（都營+Metro）24h、48h、72h	成田空港～東京駅間的東京Shuttle(京成巴士)單程、去回車票 +東京地下鐵（都營+Metro）24h、48h、72h
價格	￥5000	Skyliner單程+東京地下鐵24h ￥2890 Skyliner單程+東京地下鐵48h ￥3290 Skyliner單程+東京地下鐵72h ￥3590 Skyliner來回+東京地下鐵24h ￥4880 Skyliner來回+東京地下鐵48h ￥5280 Skyliner來回+東京地下鐵72h ￥5580	東京Shuttle單程￥1000 東京Shuttle來回￥1900 東京Shuttle來回+東京地下鐵24h ￥2600 東京Shuttle來回+東京地下鐵48h ￥3000 東京Shuttle來回+東京地下鐵72h ￥3300
有效時間	14天	6個月	8天
使用需知	◎全車指定席，需要至綠色窗口劃位後使用。 ◎若無劃位雖可搭乘，但無指定座位若全車滿席則必需站著且不可要求退票。 ◎坐上N'EX後只要中途不出車站，皆可於指定區間內（東京列車特定區間內）的任何JR車站下車。	◎Skyliner的單程車票可選擇去程或回程使用。 ◎Skyliner車票兌換處：成田機場1～3航廈、SKYLINER & KEISEIINFORMATION CENTER（兌換日起算6個月內有效）。 ◎Tokyo Subway Ticket（東京地鐵優惠券）為6個月以內的連續24、48、72小時有效。	◎約20分鐘一車次 ◎全車無售站票，若客滿則需等待下一班車。 ◎由於車況不一，若在上下班等尖峰時間搭乘最好預留時間。 ◎要同時購買東京地下鐵f券，需至巴士空港起站(第2航廈)才有販售。 ◎市區往機場的東京Shuttle若先上網預約只要￥900
單程時間	成田空港→東京駅約50分	成田空港→上野駅約41分	成田空港→東京駅約90分
售票處	JR東日本網路購票系統，成田空港第1、2、3航站，部分JR東日本訪日旅行中心、可讀取護照的售票機	網路、成田空港1~3航廈、SKYLINER & KEISEI INFORMATION CENTER、成田1航旅遊服務中心	成田空港各航站1F京成巴士售票處
購買身分	非日本籍旅客，購買需出示護照。	非日本籍旅客，購買需出示護照。	無限制

*註：兒童票(6-11歲)為半價

歡迎！東京地下鐵聯票 WELCOME! Tokyo Subway Ticket	利木津巴士+ 東京地下鐵 LIMOUSINE & Subway Ticket		利木津自由搭配券 LIMOUSINE Multi Voucher
羽田空港	成田空港	羽田空港	成田空港
羽田空港～泉岳寺駅間的京急線去回車票 +東京地下鐵（都營+Metro） 24h、48h、72h	成田空港～東京23區域間的利木津巴士乘車券單張、兩張 +東京地下鐵（都營+Metro） 24h、48h、72h	羽田空港～東京23區間的利木津巴士乘車券單張、兩張 +東京地下鐵（都營+Metro） 24h、48h、72h	成田空港～東京23區域間的利木津巴士乘車券
京急線來回+東京地下鐵24h ￥1360 京急線來回+東京地下鐵48h ￥1760 京急線來回+東京地下鐵72h ￥2060	利木津乘車券*1+東京地下鐵24h ￥3400 利木津乘車券*2+東京地下鐵48h ￥5700 利木津乘車券*2+東京地下鐵72h ￥6000	利木津乘車券*1+東京地下鐵24h ￥1800 利木津乘車券*2+東京地下鐵48h ￥3200 利木津乘車券*2+東京地下鐵72h ￥3500	利木津多段票(4張)￥8000 利木津來回票(2張)￥4500 售價皆為￥6000
14天	6個月		14天
◎使用京急線車票時可在中途站(例：品川)下車。	◎可利用的範圍為東京23區內，其它像是八王子、台場、新浦安、東京迪士尼、橫濱等地則不可使用。請以官方規定為準。 ◎由於車況不一，若在上下班等尖峰時間搭乘最好預留時間。		◎多段票可以分拆多人使用。可以作為雙人的來回票，或是4人的單程票、1人搭4趟。 ◎來回票為單人使用，若有2人要購買的話，多段票比較划算。 ◎由於車況不一，若在上下班等尖峰時間搭乘最好預留時間。
羽田空港→泉岳寺駅 約16分	成田空港→東京駅 約90分	羽田空港→東京駅 約40分	成田空港→東京駅 約90分
羽田機場第3航廈 京急旅客資訊中心（京急TIC）	成田機場入境大廳內詢問處、利木津巴士售票處(新宿西口、TCAT東京城市航空總站3F)、東京Metro地鐵月票售票處(部分除外)	羽田機場第3航廈 京急旅客資訊中心（京急TIC）	日本以外的配合旅行社購買
非日本籍旅客，購買需出示護照。	無限制		非日本籍旅客，購買需出示護照。

附錄 都心實用通票

	大東京周遊券 Greater Tokyo Pass	東京一日券 TOKYO FREE TICKET	JR都區內通票 JR Tokunai Pass
使用區間	**關東11家鐵道+都內2家地鐵：**小田急全線、京王全線、京成全線、京急全線、相鉄全線、西武全線、東急全線、東京Metro地下鐵全線、都營地下鐵全線、都電荒川線、東武全線、港區未來線、百合海鷗線、橫浜市營地下鐵全線。還可搭乘東京、神奈川、千葉、埼玉的31家路線巴士，詳見官網。	**東京23個區內的JR普通列車**(含普通及快速，僅限普通車廂自由座) **東京Metro地下鐵全線** **日暮里·舍人Liner** **都營地下鐵全線** **都電荒川線** **都營巴士**	**東京23個區內的JR普通列車**(含普通及快速，僅限普通車廂自由座)
價格	￥7200	￥1600	￥760
有效時間	連續5天	1日	1日
使用需知	◎此通票皆以IC卡PASMO PASSPORT形式售票，無PASMO卡者，購票須加附￥500卡費。 ◎不含指定席、特急券，若要搭乘需另外付費。另外，若超出指定區間時需另外付費。 ◎自使用當日起算5日內有效。 ◎使用範圍不包含箱根，只能搭到小田原。	◎為磁卡票券，刷票走一般閘口即可。 ◎指定區間外，或是超出指定區間時需另外付費。 ◎販券機只售當日使用的票券。 ◎**預售票：**可提前一個月至JR窗口購買票券，至指定日時再使用。購入後可免費更換一次指定日期。	
售票處	**成田空港：**京成線櫃台 **羽田空港：**京急線櫃台 **東京都內：**新宿、涉谷、池袋、上野、銀座、品川、明治神宮前等各大私鐵站的售票處 **神奈川：**橫濱	東京都心各大主要JR車站的多功能售票機購買。或是東京Metro、日暮里舍人線、都營地下鐵各大車站售票處及售票機。	東京都心各大主要JR車站的指定席販券機購買。
購買身分	非日籍旅客，購買須出示護照。	無限制	無限制

*註：兒童票(6-11歲)為半價

都營一日通票 Toei 1Day Pass	Metro都營地下鐵共通一日乘車券 Common One-day Ticket for Tokyo Metro & Toei Subway	東京地下鐵24h~72h Tokyo Subway Ticket (24h ~ 72h)	Metro 24時間券 Tokyo Metro 24-hour Ticket
都營地下鐵全線：淺草線、三田線、新宿線、大江戶線 **都電荒川線** **都營巴士**(含多摩地區) **日暮里·舍人Liner**	**都營地下鐵全線：**淺草線、三田線、新宿線、大江戶線 **東京Metro地下鐵全線：**銀座線、丸之內線、日比谷線、東西線、千代田線、有樂町線、半藏門線、南北線、副都心線		**東京Metro地下鐵全線：**銀座線、丸之內線、日比谷線、東西線、千代田線、有樂町線、半藏門線、南北線、副都心線
￥700	￥900	24h ￥800 48h ￥1200 72h ￥1500	￥600
1日(使用至翌日凌晨4時)	1日	首次插卡使用後連續24h、48h、72h	首次插卡使用後連續24h
◎為磁卡票券，刷票走一般閘口即可。 ◎販券機、PASMO卡及車內只售當日使用的票券。 ◎**預售票：**至各搭乘路線車站窗口購買，購入日起6個月內之任一日有效。 ◎搭乘當日只要於沿線合作設施出示票券，即可獲得各種優惠。	◎為磁卡票券，刷票走一般閘口即可。 ◎販券機只售當日使用的票券。 ◎**預售票：**至各大車站窗口購買，購入日起6個月內之任一日有效。 ◎搭乘當日只要於沿線合作設施出示票券，即可獲得各種優惠。	◎為磁卡票券，刷票走一般閘口即可。 ◎搭乘當日只要於沿線合作設施出示票券，即可獲得各種優惠。	◎為磁卡票券，刷票走一般閘口即可。 ◎販券機只售當日使用的票券。 ◎**預售票：**至各大車站定期票售票窗口購買，購入日起6個月內之任一日有效。 ◎搭乘當日只要於沿線合作設施出示票券，即可獲得各種優惠。
都營地下鐵售票處（押上、目黑、白金台、白金高輪、新宿除外）、都營巴士營業所、各站自動販券機、都電荒川線車內、都營巴士車內。	◎**當日票：**東京Metro與都營地下鐵各站的自動販券機。 ◎**預售票：**東京Metro售票處（中野、西船橋、渋谷除外）、都營地下鐵售票處（押上、目黑、白金台、白金高輪、新宿除外）。	羽田空港國際線觀光情報中心、成田空港1航廈遊客中心、東京都內的Metro旅客服務中心、網路及國外特定旅行社等也有售票。	◎**當日票：**東京Metro各站的自動販券機。 ◎**預售票：**東京Metro定期票售票處（中野、西船橋、渋谷除外）。
無限制	無限制	非日本籍旅客，購買需出示護照。	無限制

附錄 景點地圖

世田谷線
下高井戸
東急世田谷線
松原
玉電咖啡
山下
宮の坂
豪徳寺
松陰神社
若林
西太子堂
三軒茶屋
来来来
タビラコ
松陰神社前
世田谷
上町
1mm market
松崎煎餅
Carrot Tower展望台
rain on the roof
夏椿
世田谷区立郷土資料館
A
B
1
2

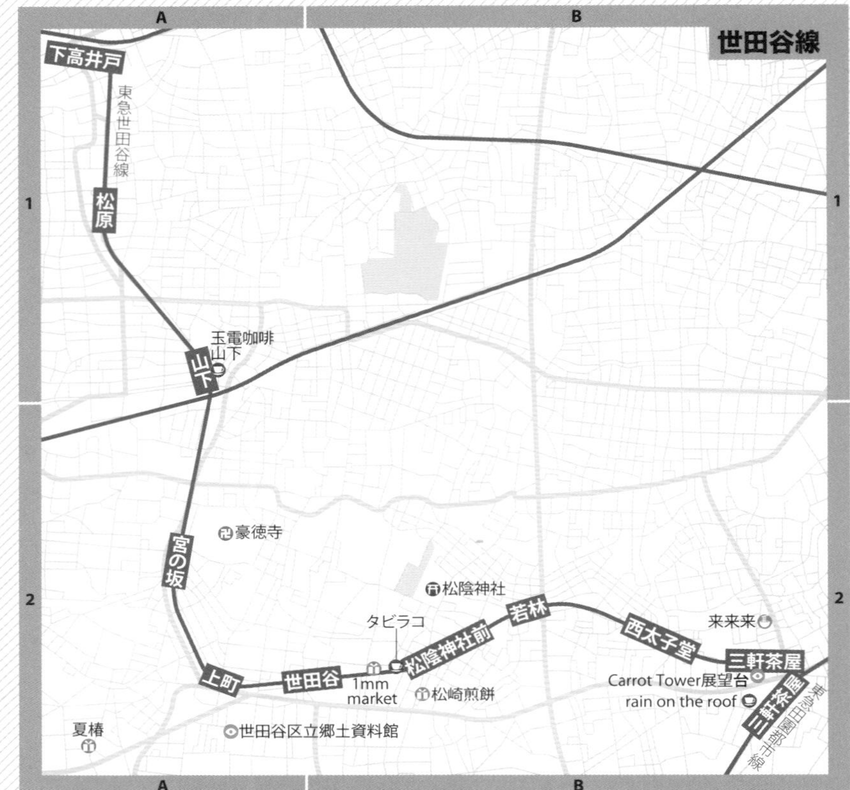

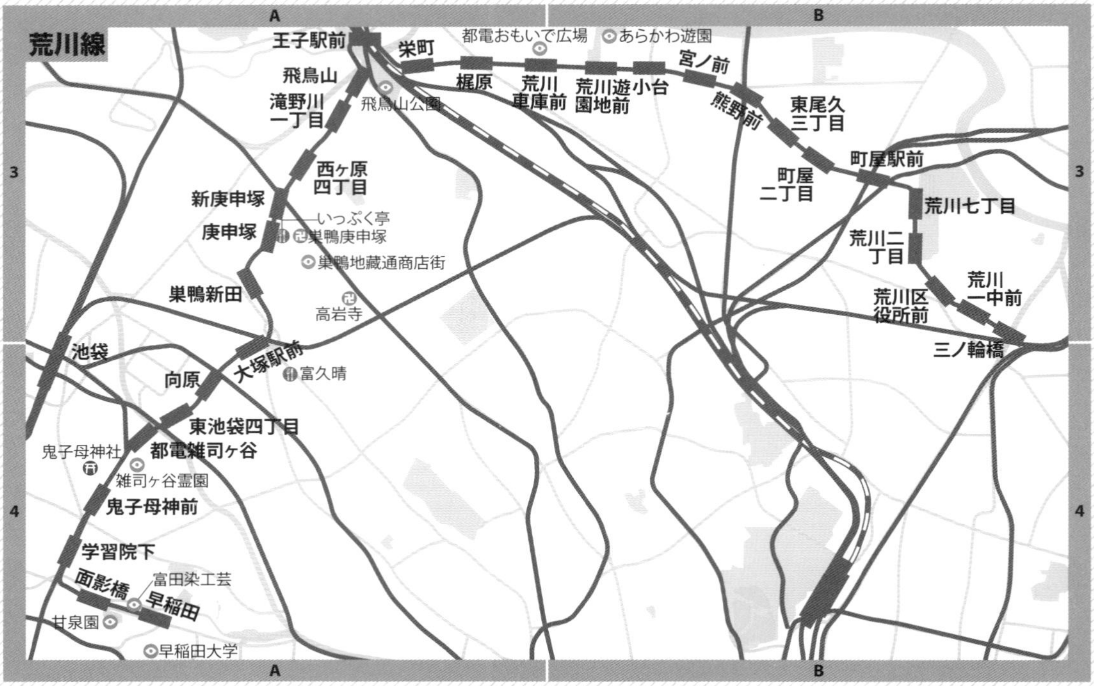

荒川線
王子駅前
都電おもいで広場
あらかわ遊園
栄町
飛鳥山
梶原
荒川車庫前
荒川遊園地前
小台
宮ノ前
熊野前
滝野川一丁目
飛鳥山公園
東尾久三丁目
西ヶ原四丁目
町屋駅前
町屋二丁目
新庚申塚
いっぷく亭
庚申塚
巣鴨庚申塚
荒川七丁目
巣鴨地蔵通商店街
荒川二丁目
巣鴨新田
高岩寺
荒川区役所前
荒川一中前
三ノ輪橋
池袋
大塚駅前
富久晴
向原
東池袋四丁目
都電雑司ヶ谷
鬼子母神社
雑司ヶ谷霊園
鬼子母神前
学習院下
面影橋
富田染工芸
早稲田
甘泉園
早稲田大学
A
B
3
4

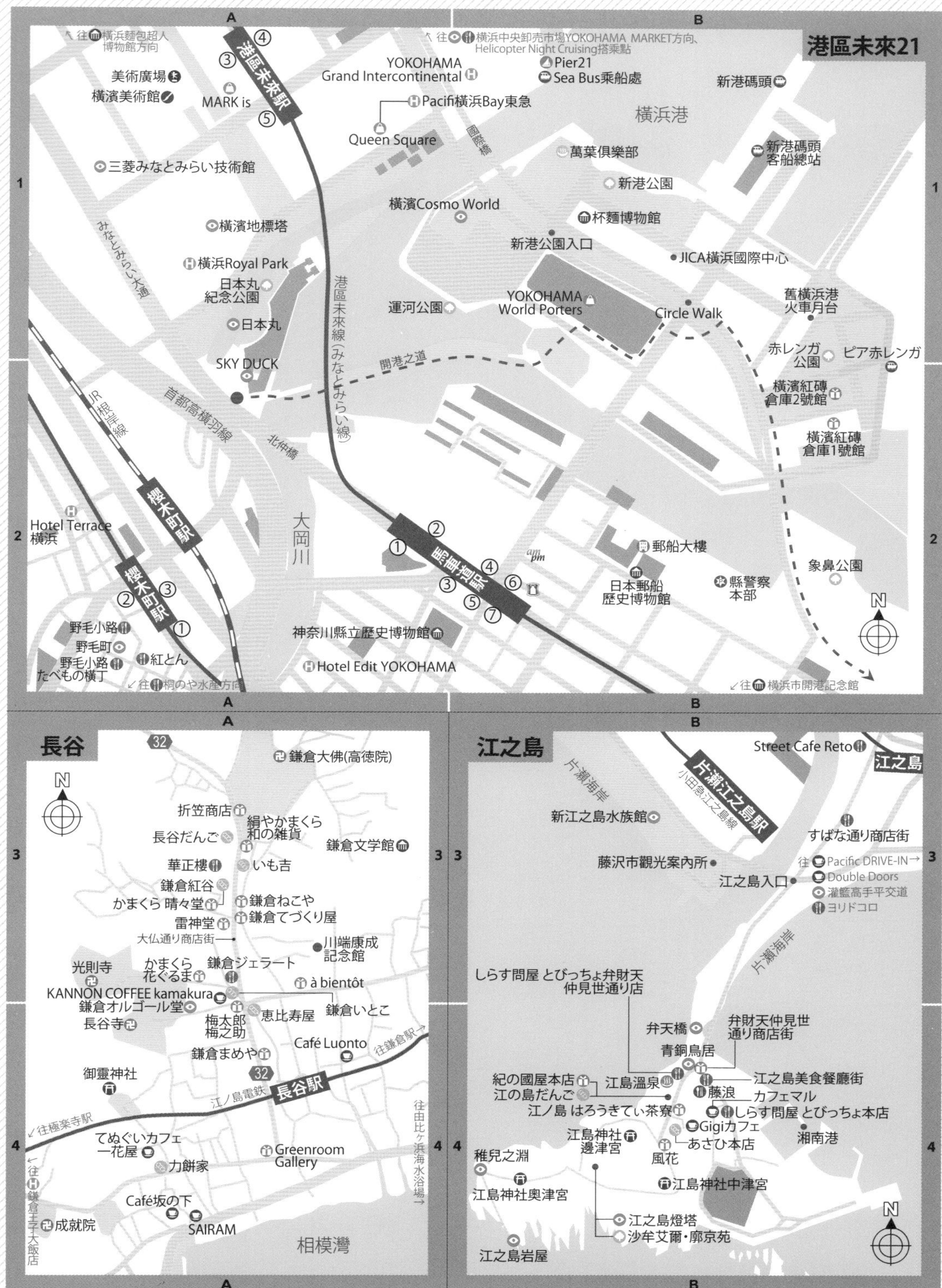

港區未來21
港區未來駅
櫻木町駅
馬車道駅
YOKOHAMA Grand Intercontinental
Pier21
Sea Bus乘船處
新港碼頭
Pacifi横浜Bay東急
Queen Square
橫浜港
萬葉俱樂部
新港碼頭客船總站
新港公園
橫濱Cosmo World
杯麵博物館
新港公園入口
JICA横浜國際中心
美術廣場
橫濱美術館
MARK is
三菱みなとみらい技術館
橫濱地標塔
横浜Royal Park
日本丸紀念公園
日本丸
SKY DUCK
運河公園
YOKOHAMA World Porters
Circle Walk
舊橫浜港火車月台
赤レンガ公園
ピア赤レンガ
橫濱紅磚倉庫2號館
橫濱紅磚倉庫1號館
開港之道
郵船大樓
日本郵船歷史博物館
縣警察本部
象鼻公園
Hotel Terrace 横浜
野毛小路
野毛町
紅とん
野毛小路たべもの横丁
神奈川縣立歷史博物館
Hotel Edit YOKOHAMA
大岡川
長谷
鎌倉大佛(高德院)
折笠商店
絹やかまくら和の雜貨
長谷だんご
鎌倉文學館
華正樓
いも吉
鎌倉紅谷
かまくら晴々堂
鎌倉ねこや
雷神堂
鎌倉てづくり屋
大仏通り商店街
川端康成記念館
光則寺
かまくら花ぐるま
鎌倉ジェラート
à bientôt
KANNON COFFEE kamakura
鎌倉オルゴール堂
恵比寿屋
鎌倉いとこ
長谷寺
梅太郎梅之助
Café Luonto
鎌倉まめや
御靈神社
長谷駅
江ノ島電鉄
てぬぐいカフェ一花屋
力餅家
Greenroom Gallery
Café坂の下
SAIRAM
成就院
相模灣
江之島
片瀨江之島駅
Street Cafe Reto
新江之島水族館
すばな通り商店街
藤沢市觀光案内所
江之島入口
Pacific DRIVE-IN
Double Doors
瀧籠高手平交道
ヨリドコロ
片瀨海岸
しらす問屋 とびっちょ弁財天仲見世通り店
弁天橋
弁財天仲見世通り商店街
青銅鳥居
紀の國屋本店
江島溫泉
江之島美食餐廳街
江の島だんご
藤浪
カフェマル
江ノ島 はろうきてい茶寮
しらす問屋 とびっちょ本店
江島神社邊津宮
Gigiカフェ
あさひ本店
湘南港
風花
稚兒之淵
江島神社奧津宮
江島神社中津宮
江之島燈塔
沙牟艾爾・廓京苑
江之島岩屋

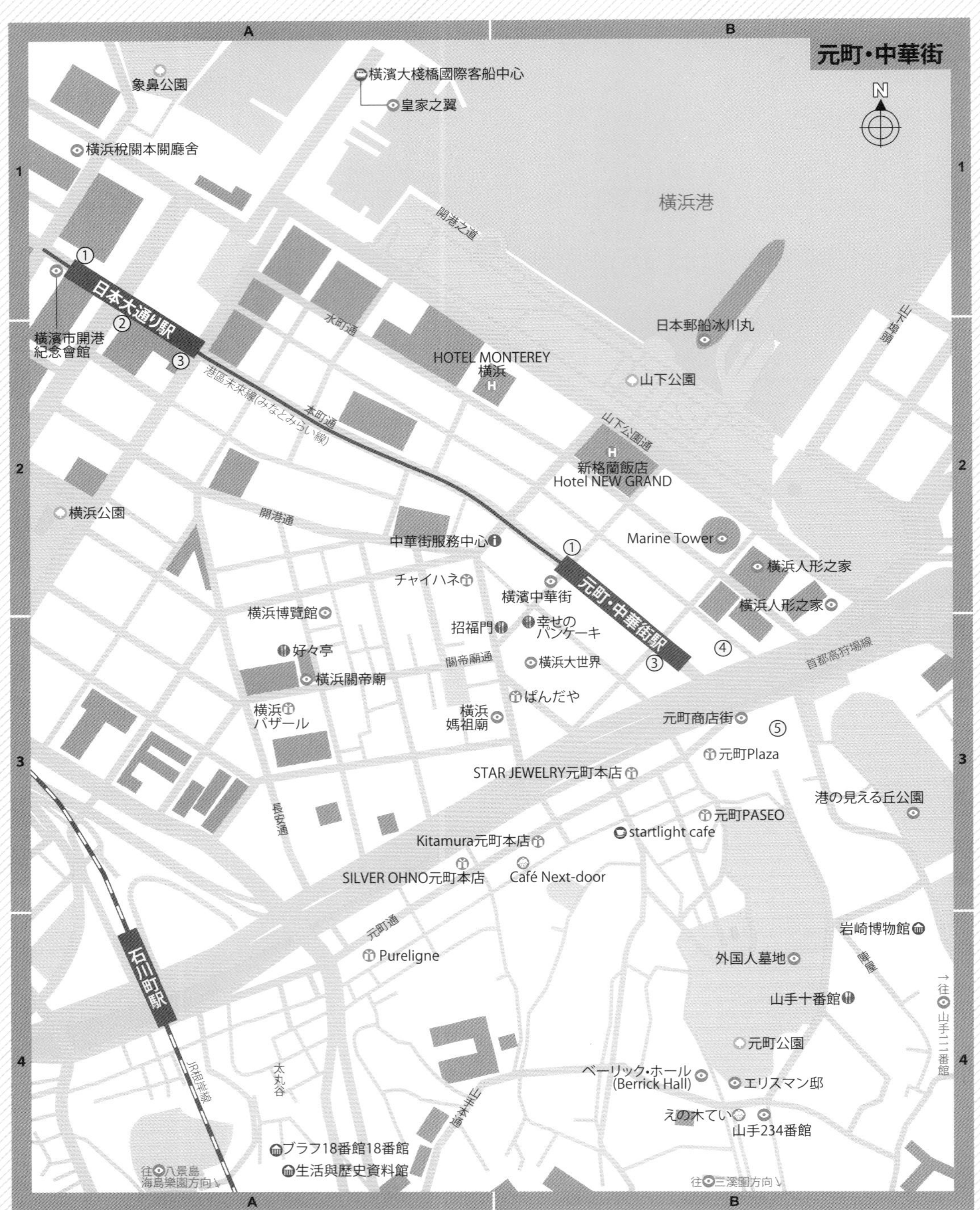

元町・中華街
象鼻公園
橫濱大棧橋國際客船中心
皇家之翼
横浜稅關本關廳舍
橫濱港
開港之道
日本大通り駅
橫濱市開港紀念會館
水町通
HOTEL MONTEREY 橫浜
港區未來線(みなとみらい線)
本町通
日本郵船氷川丸
山下公園
山下公園通
新格蘭飯店 Hotel NEW GRAND
山下埠頭
横浜公園
開港通
中華街服務中心
Marine Tower
元町・中華街駅
チャイハネ
橫濱中華街
横浜人形之家
横浜博覧館
招福門
幸せのパンケーキ
好々亭
關帝廟通
横浜大世界
横浜關帝廟
首都高狩場線
ぱんだや
横浜バザール
横浜媽祖廟
元町商店街
元町Plaza
STAR JEWELRY元町本店
港の見える丘公園
長安通
元町PASEO
startlight cafe
Kitamura元町本店
SILVER OHNO元町本店
Café Next-door
元町通
岩崎博物館
Pureligne
外国人墓地
石川町駅
山手十番館
元町公園
往山手111番館
ベーリック・ホール (Berrick Hall)
エリスマン邸
太丸谷
JR根岸線
山手本通
えの木てい
山手234番館
ブラフ18番館18番館
生活與歴史資料館
往八景島海島樂園方向
往三溪園方向

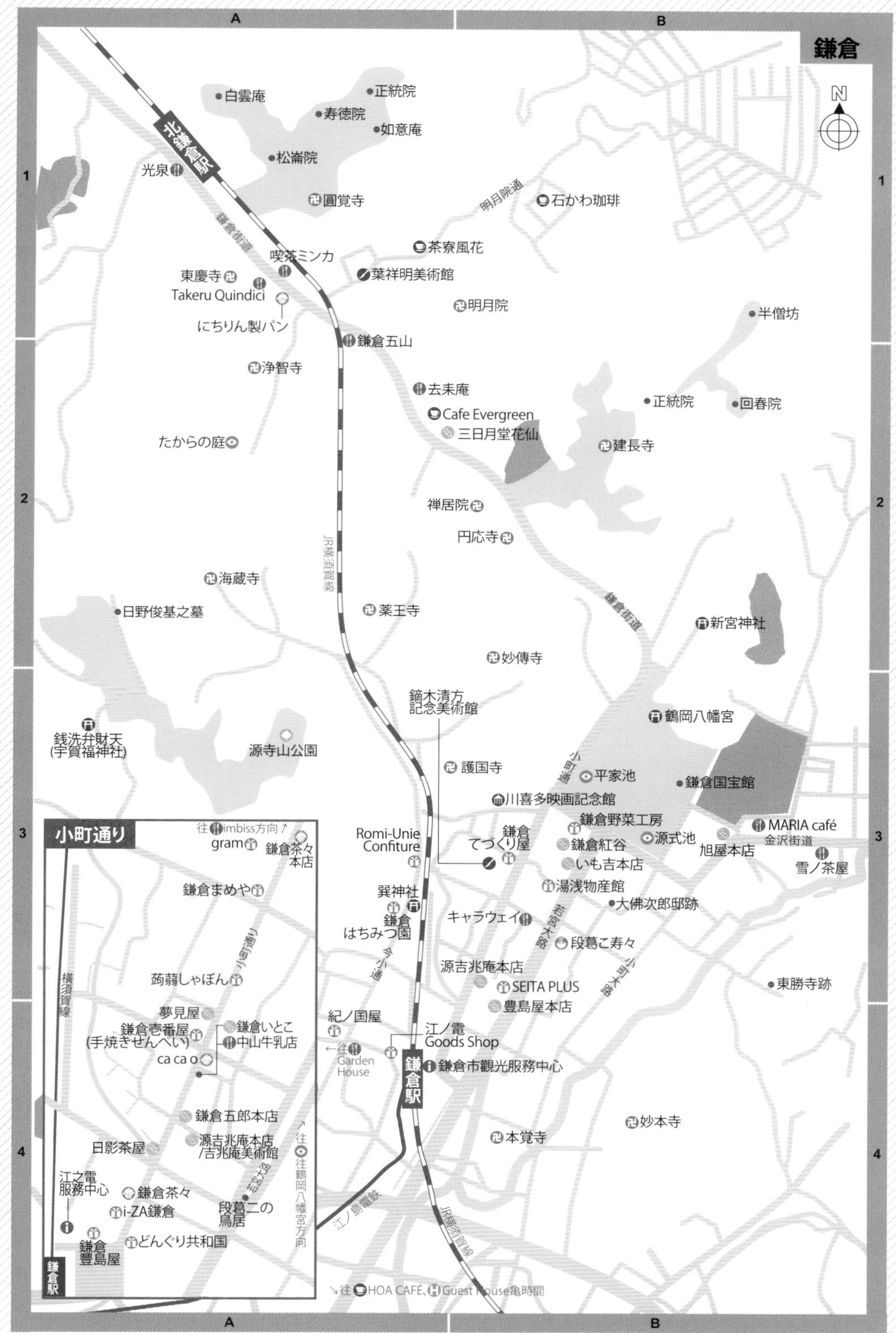

鎌倉
北鎌倉駅
白雲庵
正統院
寿徳院
如意庵
松嶺院
光泉
圓覚寺
明月院通
石かわ珈琲
鎌倉街道
喫茶ミンカ
茶寮風花
葉祥明美術館
東慶寺
Takeru Quindici
にちりん製パン
明月院
半僧坊
鎌倉五山
浄智寺
去来庵
Cafe Evergreen
三日月堂花仙
正統院
回春院
たからの庭
建長寺
禅居院
円応寺
JR横須賀線
海蔵寺
日野俊基之墓
薬王寺
新宮神社
妙傳寺
鏑木清方記念美術館
鶴岡八幡宮
銭洗弁財天(宇賀福神社)
源寺山公園
護国寺
小町通
平家池
鎌倉国宝館
川喜多映画記念館
鎌倉野菜工房
MARIA café
金沢街道
Romi-Unie Confiture
鎌倉てづくり屋
鎌倉紅谷
源式池
旭屋本店
雪ノ茶屋
いも吉本店
湯浅物産館
巽神社
大佛次郎邸跡
鎌倉はちみつ園
キャラウェイ
若宮大路
段葛こ寿々
今小路
源吉兆庵本店
小町大路
SEITA PLUS
東勝寺跡
豊島屋本店
紀ノ国屋
江ノ電Goods Shop
←往 Garden House
鎌倉駅
鎌倉市觀光服務中心
妙本寺
本覚寺
江ノ島電鉄
JR横須賀線
↘往 HOA CAFÉ、Guest House亀時間
小町通り
往 imbiss方向↗
gram
鎌倉茶々本店
鎌倉まめや
小町通り
横須賀線
蒟蒻しゃぼん
夢見屋
鎌倉壱番屋(手焼きせんべい)
鎌倉いとこ
中山牛乳店
ca ca o
鎌倉五郎本店
源吉兆庵本店/吉兆庵美術館
↗往 往鶴岡八幡宮方向
日影茶屋
若宮大路
江之電服務中心
鎌倉茶々
i-ZA鎌倉
段葛二の鳥居
鎌倉豊島屋
どんぐり共和国
鎌倉駅

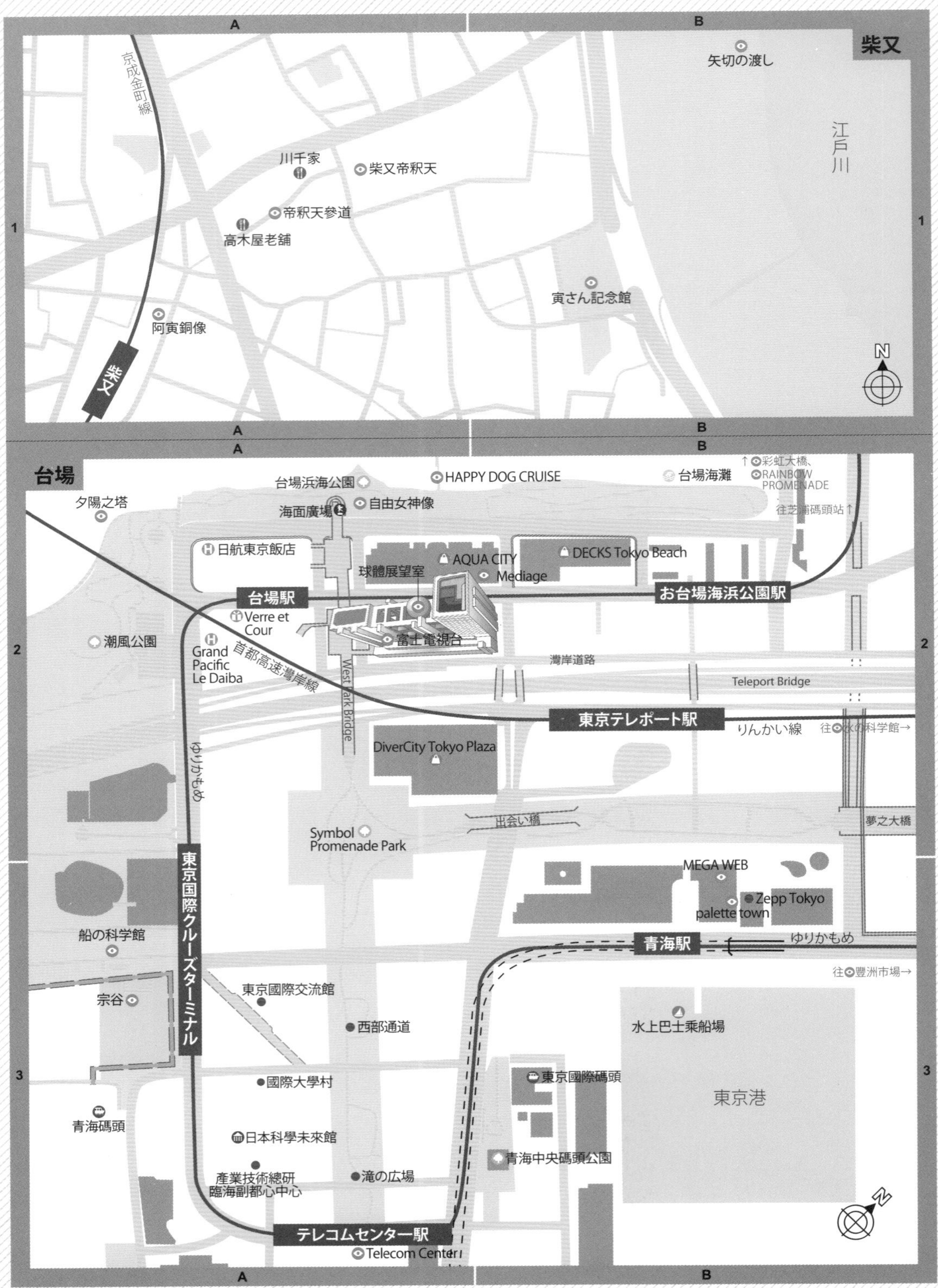
柴又
京成金町線
矢切の渡し
江戸川
川千家
柴又帝釈天
帝釈天參道
高木屋老舗
寅さん記念館
阿寅銅像
柴又
台場
夕陽之塔
台場浜海公園
HAPPY DOG CRUISE
台場海灘
彩虹大橋、
RAINBOW
PROMENADE
往芝浦碼頭站
海面廣場
自由女神像
日航東京飯店
AQUA CITY
DECKS Tokyo Beach
球體展望室
Mediage
台場駅
お台場海浜公園駅
Verre et
Cour
富士電視台
潮風公園
Grand
Pacific
Le Daiba
首都高速灣岸線
West Park Bridge
灣岸道路
Teleport Bridge
東京テレポート駅
りんかい線
往水的科学館→
DiverCity Tokyo Plaza
ゆりかもめ
出会い橋
夢之大橋
Symbol
Promenade Park
MEGA WEB
Zepp Tokyo
palette town
東京国際クルーズターミナル
船の科学館
青海駅
ゆりかもめ
往豐洲市場→
東京國際交流館
宗谷
西部通道
水上巴士乘船場
東京國際碼頭
國際大學村
東京港
青海碼頭
日本科學未來館
青海中央碼頭公園
產業技術総研
臨海副都心中心
滝の広場
テレコムセンター駅
Telecom Center

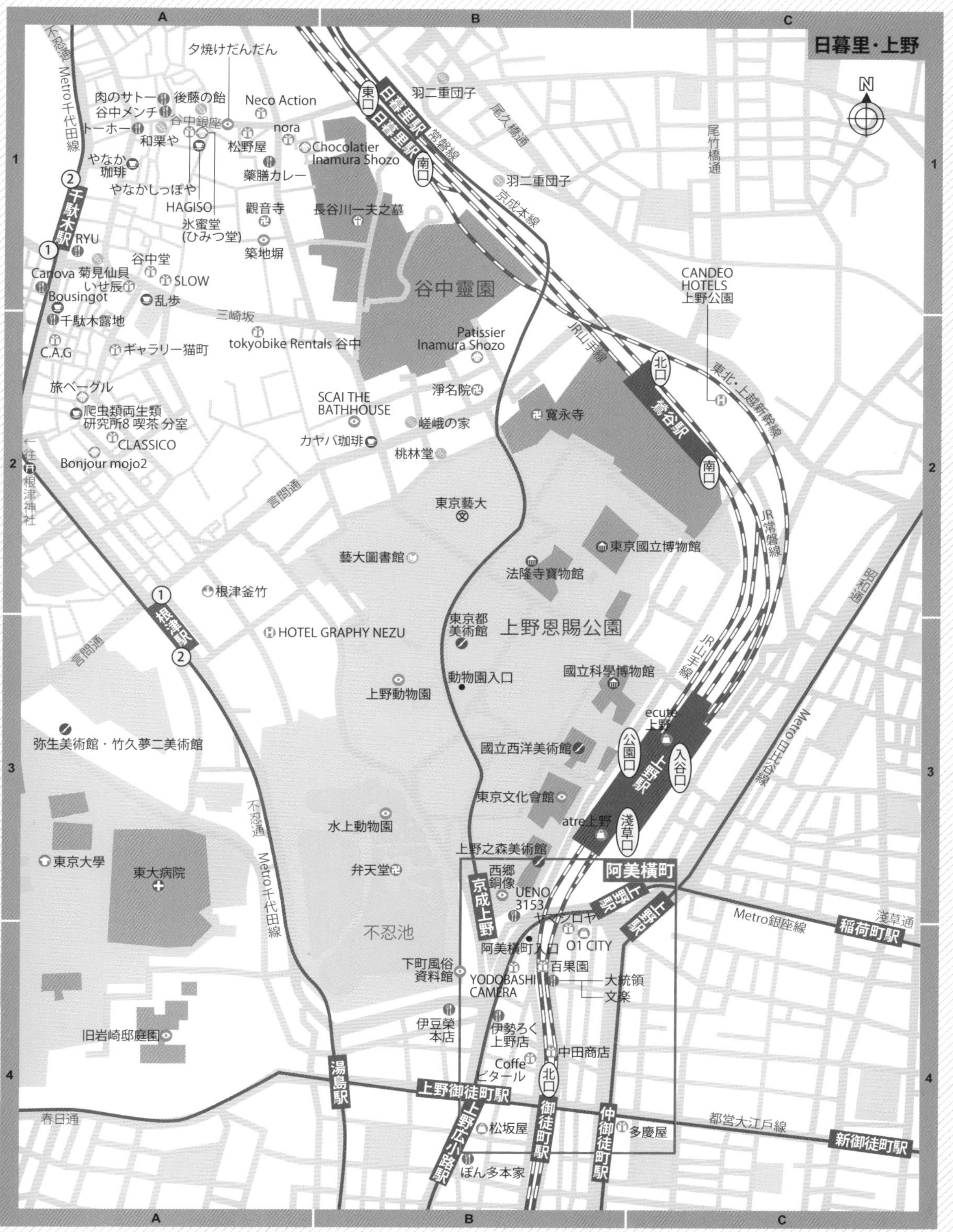
日暮里・上野
夕焼けだんだん
肉のサトー
後藤の飴
谷中メンチ
Neco Action
トーホー
谷中銀座
和栗や
nora
松野屋
Chocolatier Inamura Shozo
やなか珈琲
薬膳カレー
やなかしっぽや
HAGISO
氷蜜堂(ひみつ堂)
觀音寺
長谷川一夫之墓
築地塀
RYU
谷中堂
Canova
菊見仙貝
いせ辰
SLOW
Bousingot
乱歩
千駄木露地
三崎坂
tokyobike Rentals 谷中
C.A.G
ギャラリー猫町
旅ベーグル
爬虫類両生類研究所8 喫茶 分室
CLASSICO
Bonjour mojo2
根津神社
SCAI THE BATHHOUSE
嵯峨の家
カヤバ珈琲
桃林堂
浄名院
寛永寺
Patissier Inamura Shozo
谷中靈園
羽二重団子
尾久橋通
常磐線
京成本線
日暮里駅
東口
南口
尾竹橋通
CANDEO HOTELS 上野公園
JR山手線
東北・上越新幹線
北口
鶯谷駅
東京藝大
言問通
東京國立博物館
法隆寺寶物館
藝大圖書館
根津釜竹
根津駅
千駄木駅
Metro千代田線
不忍通
HOTEL GRAPHY NEZU
東京都美術館
上野恩賜公園
動物園入口
上野動物園
國立科學博物館
JR常磐線
昭和通
ecute上野
國立西洋美術館
公園口
入谷口
上野駅
Metro日比谷線
弥生美術館・竹久夢二美術館
東京文化會館
水上動物園
atre上野
淺草口
上野之森美術館
阿美橫町
東京大學
東大病院
弁天堂
西鄉銅像
UENO 3153
京成上野
ヤマシロヤ
Metro銀座線
稲荷町駅
淺草通
不忍池
O1 CITY
阿美橫町入口
下町風俗資料館
百果園
YODOBASHI CAMERA
大統領
文楽
伊豆榮本店
伊勢ろく上野店
旧岩崎邸庭園
中田商店
Coffeビタール
湯島駅
上野御徒町駅
上野広小路駅
御徒町駅
仲御徒町駅
春日通
松坂屋
多慶屋
都営大江戸線
新御徒町駅
ぽん多本家

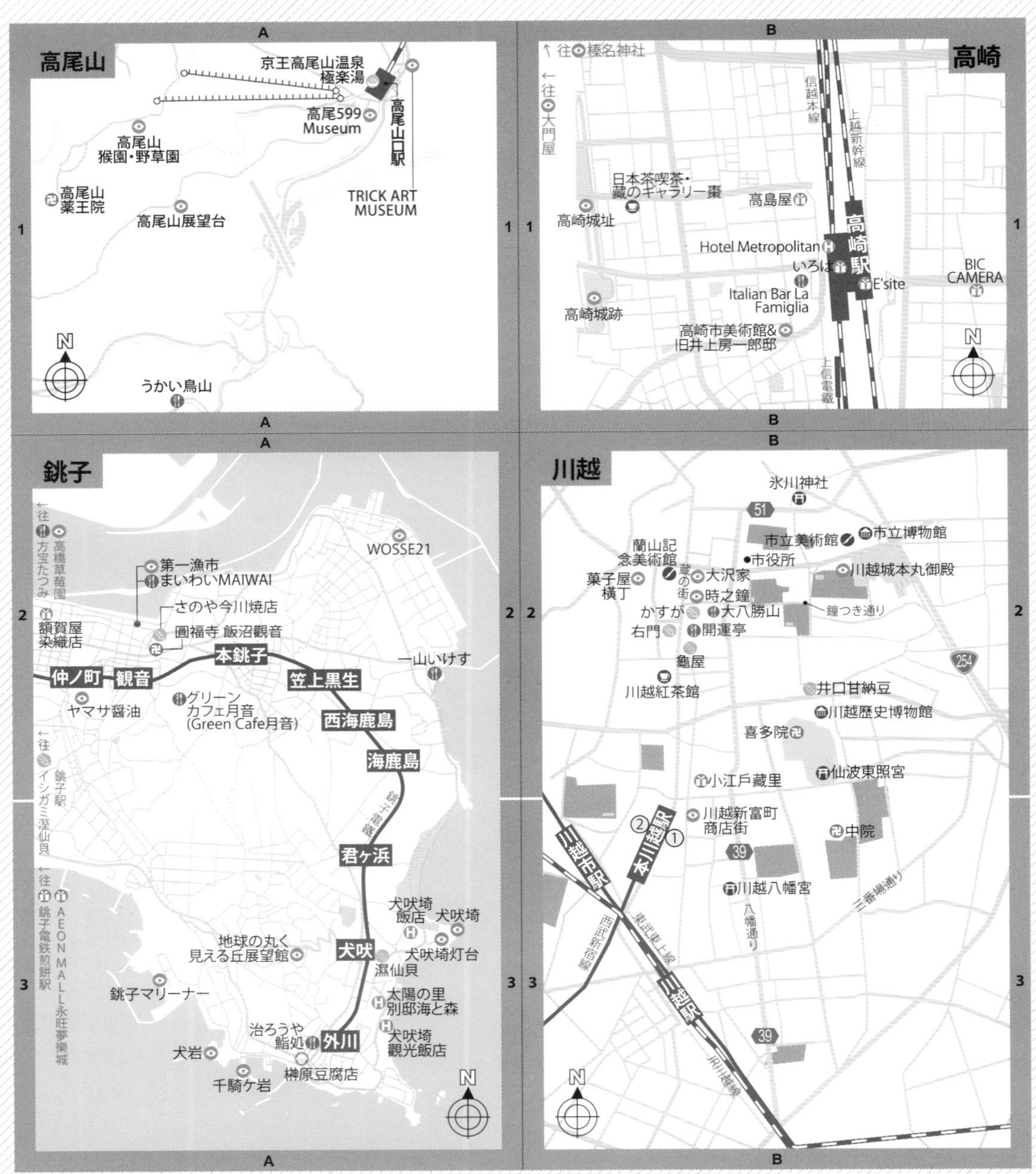
高尾山
京王高尾山温泉 極楽湯
高尾山口駅
高尾599 Museum
高尾山 猴園・野草園
高尾山 薬王院
TRICK ART MUSEUM
高尾山展望台
うかい鳥山
高崎
往 榛名神社
往 大門屋
信越本線
上越新幹線
日本茶喫茶・藏のギャラリー棗
高島屋
高崎城址
Hotel Metropolitan
高崎駅
いろは
E'site
BIC CAMERA
Italian Bar La Famiglia
高崎城跡
高崎市美術館&旧井上房一郎邸
上信電鐵
銚子
往 高橋草莓園
方宝たつみ
第一漁市
まいわいMAIWAI
WOSSE21
さのや今川焼店
額賀屋染織店
圓福寺 飯沼観音
本銚子
一山いけす
仲ノ町
観音
笠上黒生
ヤマサ醤油
グリーンカフェ月音 (Green Cafe月音)
西海鹿島
往 イシガミ溼仙貝
銚子駅
海鹿島
銚子電鐵
君ヶ浜
往 銚子電鉄煎餅駅
AEON MALL永旺夢樂城
犬吠埼飯店
犬吠埼
地球の丸く見える丘展望館
犬吠
犬吠埼灯台
濕仙貝
銚子マリーナー
太陽の里 別邸海と森
治ろうや鮨処
外川
犬吠埼觀光飯店
犬岩
榊原豆腐店
千騎ケ岩
川越
氷川神社
51
蘭山記念美術館
市立美術館
市立博物館
市役所
菓子屋横丁
藏の街
大沢家
川越城本丸御殿
時之鐘
かすが
大八勝山
鐘つき通り
右門
開運亭
龜屋
254
川越紅茶館
井口甘納豆
川越歷史博物館
喜多院
小江戸藏里
仙波東照宮
川越新富町商店街
本川越駅
川越市駅
中院
39
川越八幡宮
三番場通り
西武新宿線
東武東上線
八幡通り
川越駅
JR川越線
A
B
1
2
3

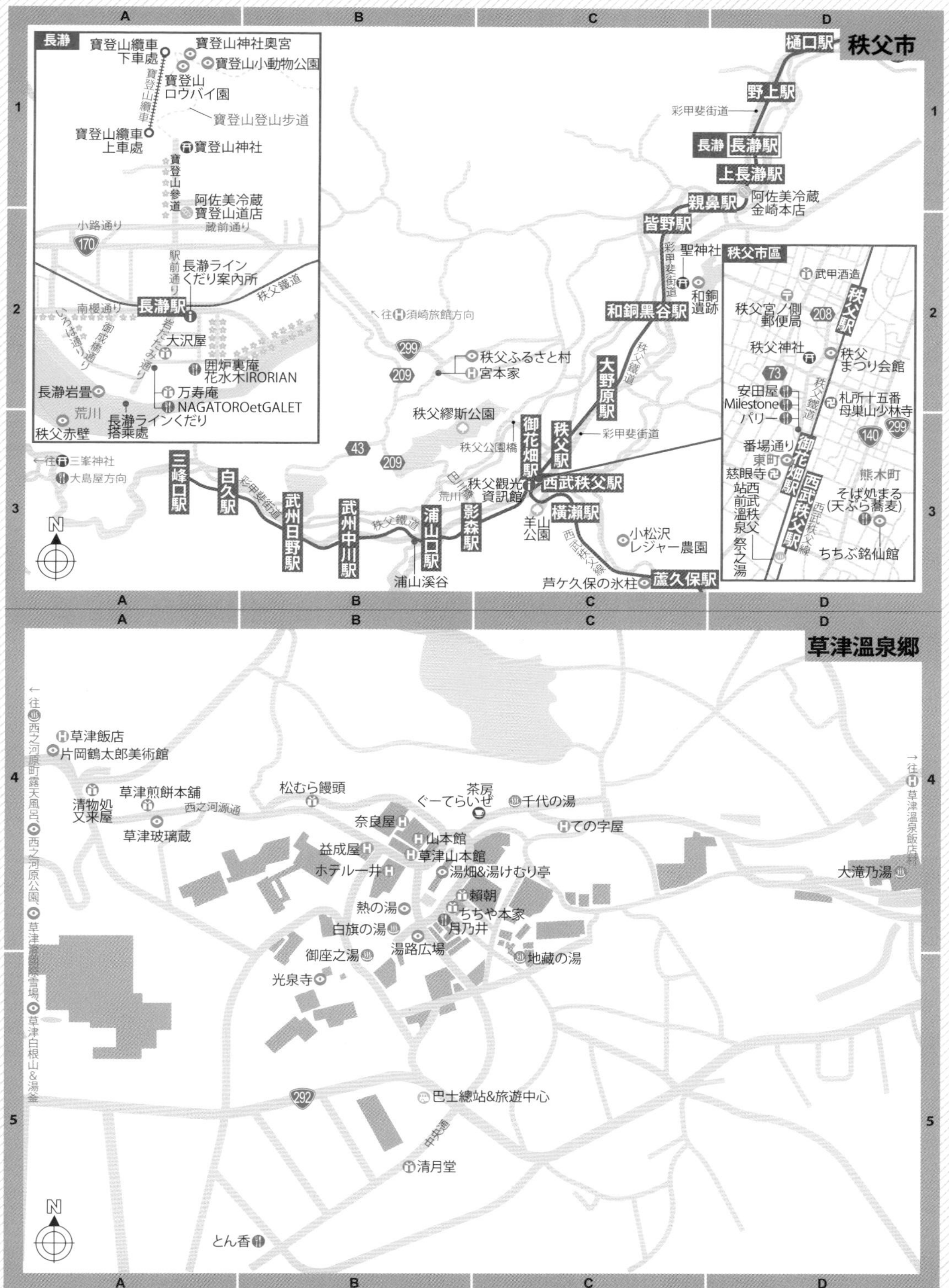
秩父市
樋口駅
野上駅
長瀞駅
上長瀞駅
親鼻駅
皆野駅
和銅黒谷駅
大野原駅
秩父駅
御花畑駅
西武秩父駅
影森駅
浦山口駅
武州中川駅
武州日野駅
白久駅
三峰口駅
横瀬駅
蘆久保駅
阿佐美冷蔵
金崎本店
聖神社
和銅遺跡
秩父ふるさと村
宮本家
秩父繆斯公園
秩父觀光資訊館
羊山公園
小松沢レジャー農園
芦ケ久保の氷柱
浦山溪谷
往須崎旅館方向
往三峯神社
大島屋方向
長瀞
寶登山纜車下車處
寶登山神社奥宮
寶登山小動物公園
寶登山ロウバイ園
寶登山登山步道
寶登山纜車上車處
寶登山神社
阿佐美冷蔵寶登山道店
長瀞ライン くだり案内所
大沢屋
囲炉裏庵 花水木IRORIAN
万寿庵
NAGATOROetGALET
長瀞岩畳
秩父赤壁
長瀞ライン くだり搭乘處
秩父市區
武甲酒造
秩父宮ノ側郵便局
秩父神社
秩父まつり会館
安田屋
Milestone
パリー
札所十五番 母巣山少林寺
番場通り
東町
慈眼寺
西武秩父站前溫泉 祭之湯
熊木町
そば処まる(天ぷら蕎麦)
ちちぶ銘仙館
草津溫泉鄉
草津飯店
片岡鶴太郎美術館
清物処 又来屋
草津煎餅本舗
草津玻璃蔵
松むら饅頭
茶房 ぐーてらいぜ
千代の湯
奈良屋
山本館
草津山本館
益成屋
ホテルー井
湯畑&湯けむり亭
てのじ屋
頼朝
ちちや本家
月乃井
熱の湯
白旗の湯
湯路広場
御座之湯
地藏の湯
光泉寺
大滝乃湯
往草津溫泉飯店村
往西之河原町露天風呂、西之河原公園、草津溫泉國際雪場、草津白根山&湯釜
巴士總站&旅遊中心
清月堂
とん香

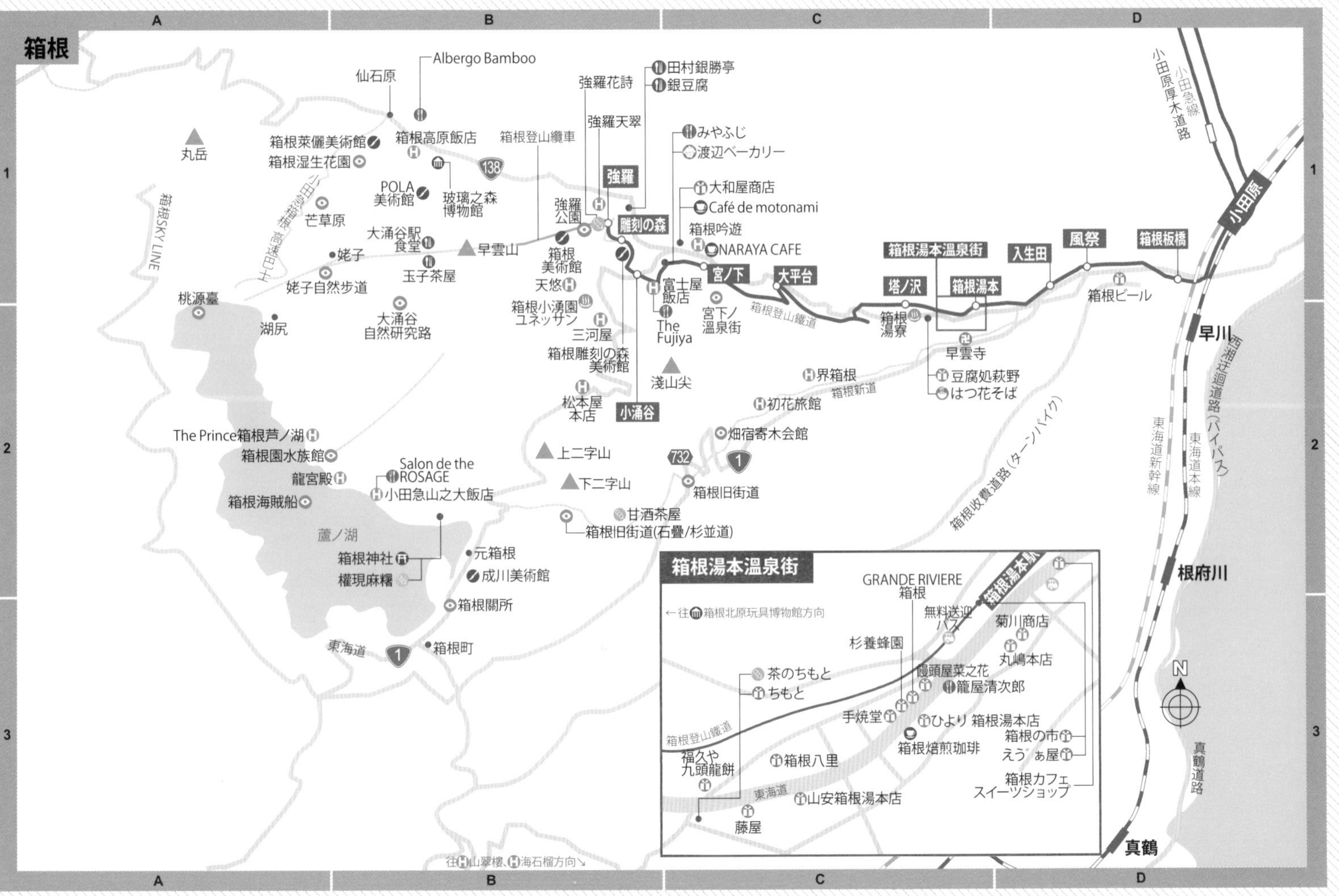
箱根
Albergo Bamboo
仙石原
丸岳
箱根萊儷美術館
箱根高原飯店
箱根濕生花園
箱根登山纜車
138
強羅花詩
強羅天翠
田村銀勝亭
銀豆腐
みやふじ
渡辺ベーカリー
強羅
大和屋商店
Café de motonami
箱根吟遊
NARAYA CAFE
POLA美術館
玻璃之森博物館
強羅公園
雕刻の森
芒草原
箱根SKY LINE
小田急箱根高速巴士
大涌谷駅食堂
早雲山
箱根美術館
姥子
玉子茶屋
姥子自然步道
天悠
富士屋飯店
The Fujiya
宮ノ下
宮ノ下温泉街
大平台
箱根登山鐵道
桃源臺
湖尻
大涌谷自然研究路
箱根小涌園ユネッサン
三河屋
箱根雕刻の森美術館
淺山尖
松本屋本店
小涌谷
箱根湯本温泉街
塔ノ沢
箱根湯本
箱根湯寮
入生田
風祭
箱根板橋
箱根ビール
小田原
小田急線
小田原厚木道路
早雲寺
豆腐処萩野
はつ花そば
界箱根
箱根新道
初花旅館
畑宿寄木会館
箱根收費道路(ターンパイク)
早川
西湘迂廻道路(バイパス)
東海道新幹線
東海道本線
The Prince箱根芦ノ湖
箱根園水族館
龍宮殿
Salon de the ROSAGE
小田急山之大飯店
上二字山
下二字山
732
1
箱根旧街道
箱根海賊船
甘酒茶屋
箱根旧街道(石疊/杉並道)
蘆ノ湖
元箱根
箱根神社
成川美術館
權現麻糬
箱根關所
東海道
箱根町
根府川
往山翠樓、海石榴方向
箱根湯本温泉街
←往箱根北原玩具博物館方向
GRANDE RIVIERE 箱根
箱根湯本駅
無料送迎バス
菊川商店
丸嶋本店
杉養蜂園
饅頭屋菜之花
籠屋清次郎
茶のちもと
ちもと
手焼堂
ひより 箱根湯本店
箱根の市
えう゛ぁ屋
箱根焙煎珈琲
箱根登山鐵道
福久や九頭龍餅
箱根八里
箱根カフェ スイーツショップ
東海道
山安箱根湯本店
藤屋
N
真鶴道路
真鶴

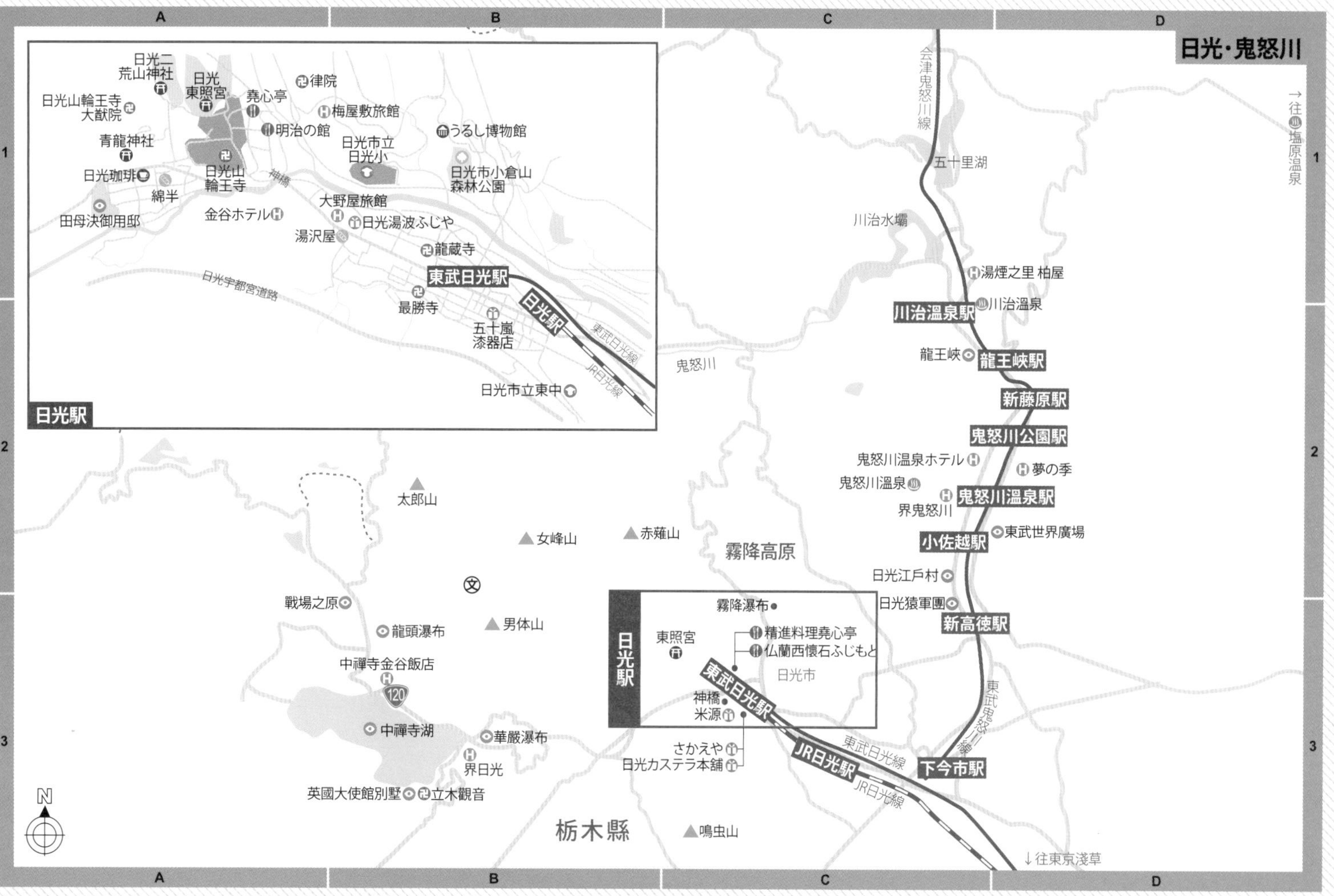

日光・鬼怒川
→往塩原溫泉
會津鬼怒川線
五十里湖
川治水壩
湯煙之里 柏屋
川治溫泉
川治溫泉駅
龍王峽
龍王峽駅
新藤原駅
鬼怒川公園駅
鬼怒川溫泉ホテル
夢の季
鬼怒川溫泉
鬼怒川溫泉駅
界鬼怒川
東武世界廣場
小佐越駅
日光江戸村
日光猿軍團
新高徳駅
東武鬼怒川線
下今市駅
↓往東京淺草
鬼怒川
霧降高原
赤薙山
女峰山
太郎山
男体山
戰場之原
龍頭瀑布
中禪寺金谷飯店
120
中禪寺湖
華嚴瀑布
界日光
英國大使館別墅
立木觀音
栃木縣
鳴虫山
日光駅
霧降瀑布
東照宮
精進料理堯心亭
仏蘭西懷石ふじもと
日光市
東武日光駅
神橋
米源
さかえや
日光カステラ本舗
東武日光線
JR日光駅
JR日光線
日光駅
日光二荒山神社
日光東照宮
堯心亭
律院
日光山輪王寺大猷院
梅屋敷旅館
明治の館
うるし博物館
青龍神社
日光市立日光小
日光山輪王寺
日光珈琲
綿半
神橋
日光市小倉山森林公園
田母沢御用邸
大野屋旅館
金谷ホテル
日光湯波ふじや
湯沢屋
龍藏寺
日光宇都宮道路
東武日光駅
最勝寺
日光駅
五十嵐漆器店
東武日光線
JR日光線
日光市立東中

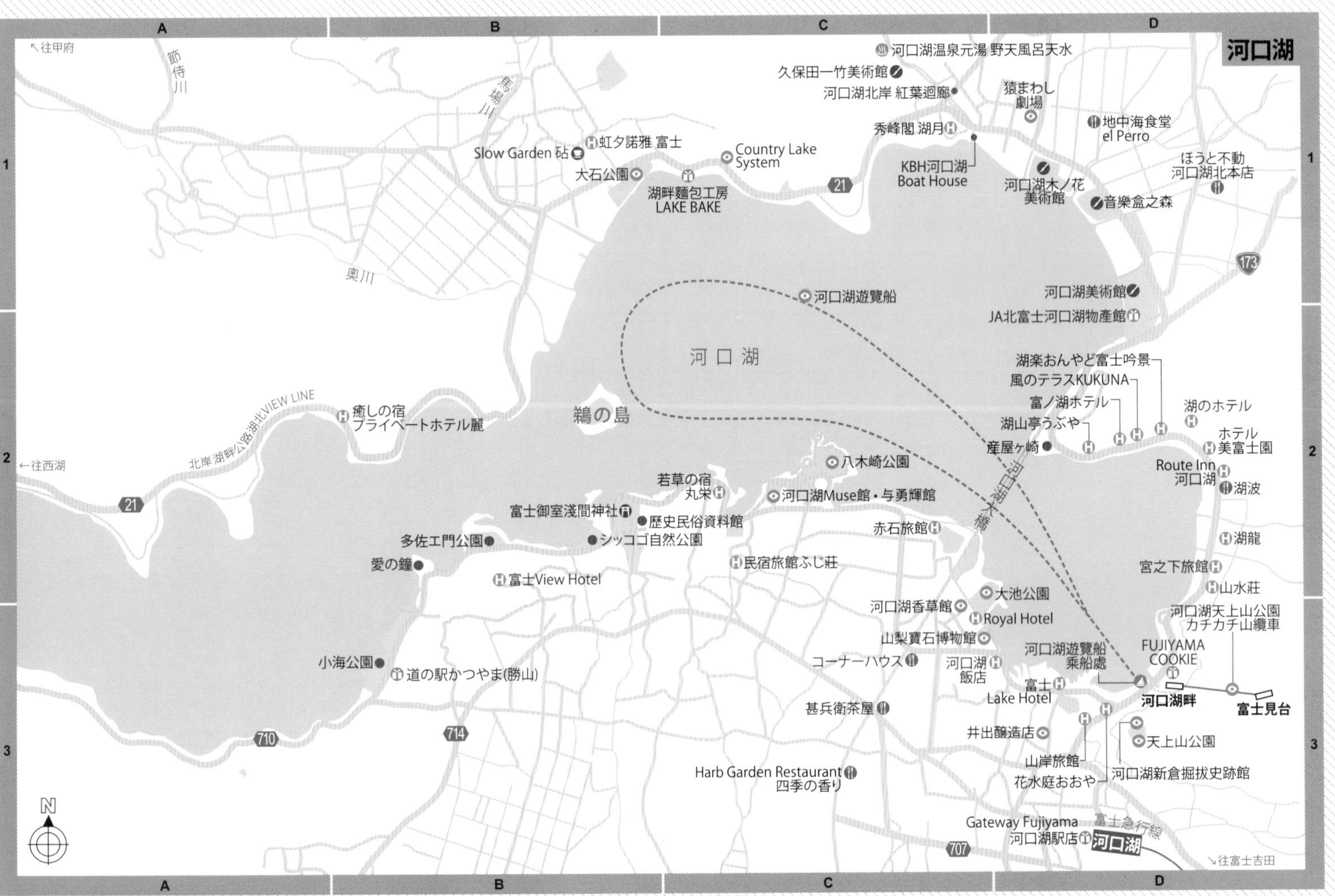
河口湖
河口湖
河口湖温泉元湯 野天風呂天水
久保田一竹美術館
河口湖北岸 紅葉迴廊
猿まわし劇場
秀峰閣 湖月
地中海食堂 el Perro
ほうと不動 河口湖北本店
KBH河口湖 Boat House
河口湖木ノ花美術館
音樂盒之森
Slow Garden 砧
虹夕諾雅 富士
Country Lake System
大石公園
湖畔麵包工房 LAKE BAKE
節 侍 川
馬 場 川
奥川
往甲府
河口湖遊覽船
河口湖美術館
JA北富士河口湖物產館
湖楽おんやど富士吟景
風のテラスKUKUNA
富ノ湖ホテル
湖山亭うぶや
産屋ヶ崎
湖のホテル
ホテル 美富士園
Route Inn 河口湖
湖波
湖龍
宮之下旅館
山水荘
河口湖天上山公園 カチカチ山纜車
FUJIYAMA COOKIE
河口湖畔
富士見台
河口湖大橋
鵜の島
癒しの宿 プライベートホテル麗
北岸湖畔公路湖北VIEW LINE
往西湖
八木崎公園
若草の宿 丸栄
河口湖Muse館・与勇輝館
富士御室淺間神社
歴史民俗資料館
シッコゴ自然公園
多佐エ門公園
愛の鐘
赤石旅館
民宿旅館ふじ荘
富士View Hotel
大池公園
河口湖香草館
Royal Hotel
山梨寶石博物館
河口湖遊覽船 乗船處
コーナーハウス
河口湖 飯店
富士 Lake Hotel
小海公園
道の駅かつやま(勝山)
甚兵衛茶屋
井出醸造店
天上山公園
山岸旅館
花水庭おおや
河口湖新倉掘拔史跡館
Harb Garden Restaurant 四季の香り
Gateway Fujiyama 河口湖駅店
富士急行線
往富士吉田
21
173
710
714
707
N

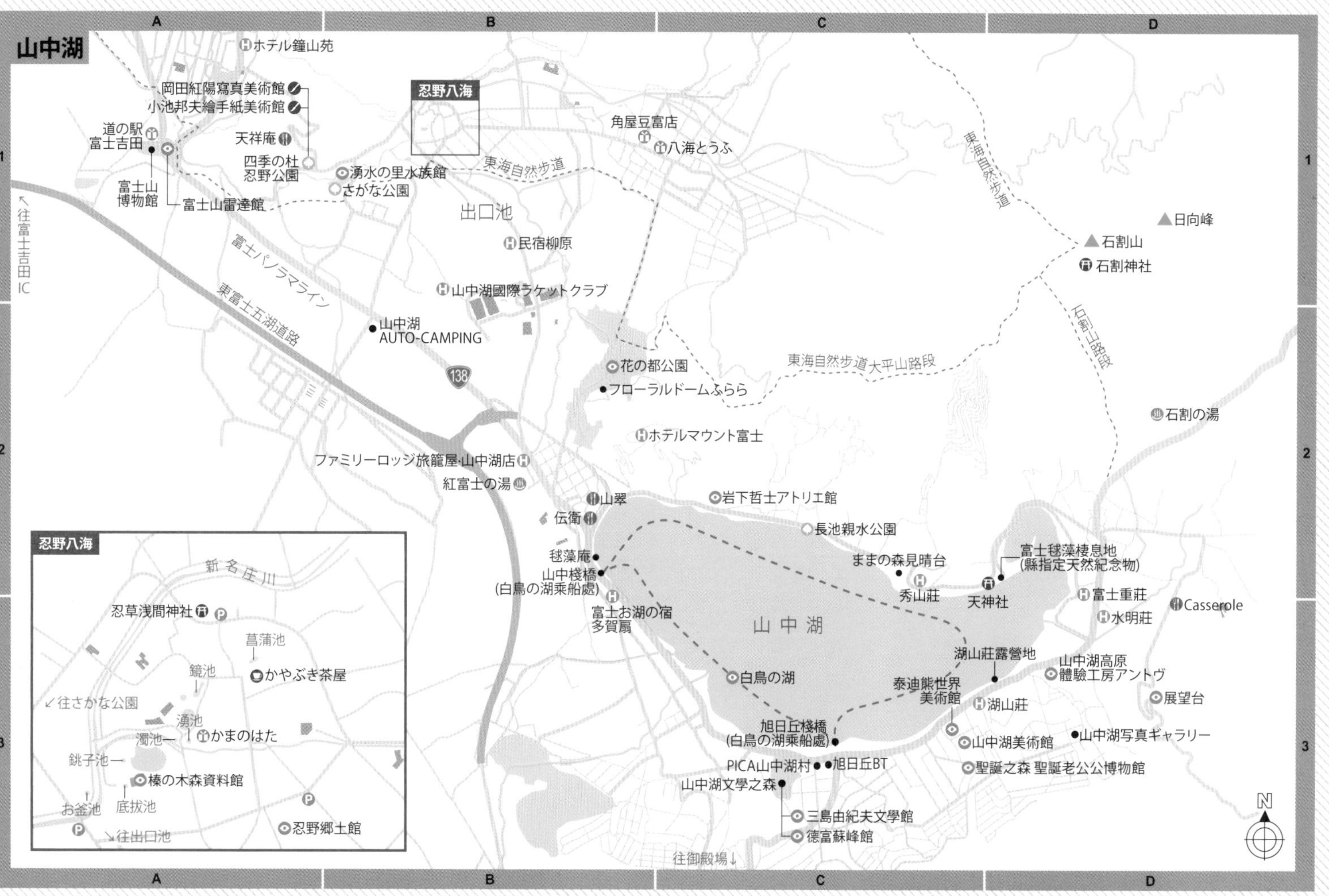
山中湖
ホテル鐘山苑
岡田紅陽寫真美術館
小池邦夫繪手紙美術館
道の駅
富士吉田
天祥庵
四季の杜
忍野公園
富士山
博物館
富士山雷達館
湧水の里水族館
さがな公園
往富士吉田IC
忍野八海
東海自然步道
角屋豆富店
八海とうふ
出口池
民宿柳原
富士パノラマライン
東富士五湖道路
山中湖國際ラケットクラブ
山中湖
AUTO-CAMPING
138
花の都公園
フローラルドームふらら
東海自然步道大平山路段
東海自然步道
日向峰
石割山
石割神社
石割山路段
石割の湯
ホテルマウント富士
ファミリーロッジ旅籠屋·山中湖店
紅富士の湯
山翠
伝衛
岩下哲士アトリエ館
長池親水公園
毬藻庵
山中棧橋
(白鳥の湖乘船處)
富士お湖の宿
多賀扇
ままの森見晴台
秀山莊
天神社
富士毬藻棲息地
(縣指定天然紀念物)
富士重莊
水明莊
Casserole
山中湖
白鳥の湖
湖山莊露營地
泰迪熊世界
美術館
湖山莊
山中湖高原
體驗工房アントヴ
展望台
旭日丘棧橋
(白鳥の湖乘船處)
山中湖美術館
山中湖写真ギャラリー
PICA山中湖村
旭日丘BT
聖誕之森 聖誕老公公博物館
山中湖文學之森
三島由紀夫文學館
德富蘇峰館
往御殿場↓
忍野八海
新名庄川
忍草浅間神社
菖蒲池
鏡池
かやぶき茶屋
往さかな公園
湧池
濁池
かまのはた
銚子池
榛の木森資料館
お釜池
底抜池
往出口池
忍野郷土館
N

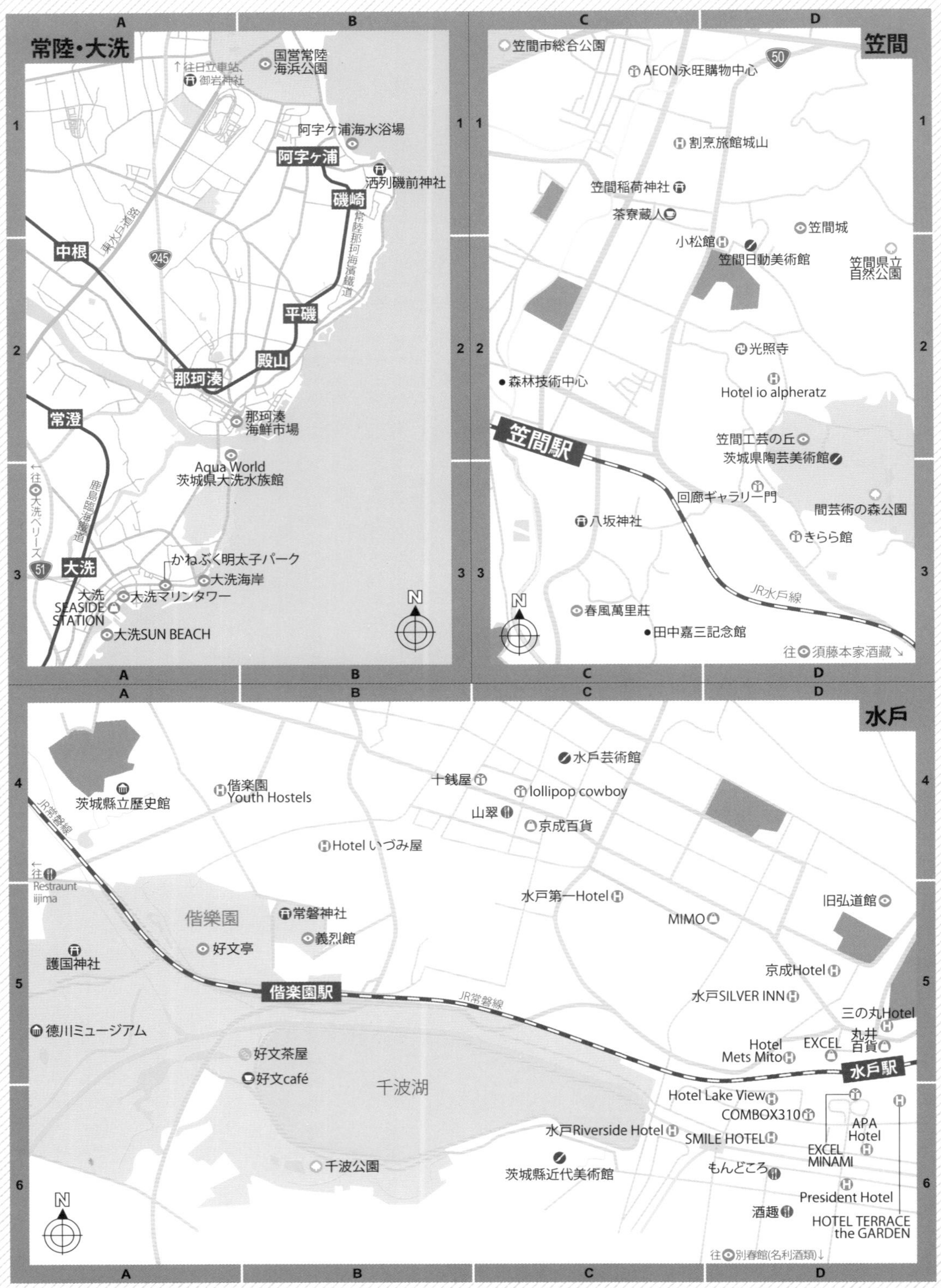
常陸・大洗
↑往日立車站、御岩神社
國營常陸海浜公園
阿字ケ浦海水浴場
阿字ケ浦
酒列磯前神社
磯崎
常陸那珂海濱鐵道
中根
東水戸道路
245
平磯
殿山
那珂湊
那珂湊海鮮市場
常澄
Aqua World 茨城県大洗水族館
←往大洗ペリーズ
鹿島臨海鐵道
51
大洗
かねふく明太子パーク
大洗海岸
大洗マリンタワー
大洗 SEASIDE STATION
大洗SUN BEACH
笠間
笠間市総合公園
50
AEON永旺購物中心
割烹旅館城山
笠間稲荷神社
茶寮蔵人
笠間城
小松館
笠間日動美術館
笠間県立自然公園
光照寺
森林技術中心
Hotel io alpheratz
笠間駅
笠間工芸の丘
茨城県陶芸美術館
回廊ギャラリー門
間芸術の森公園
八坂神社
きらら館
JR水戸線
春風萬里荘
田中嘉三記念館
往須藤本家酒藏↘
水戸
水戸芸術館
十銭屋
lollipop cowboy
偕楽園 Youth Hostels
茨城縣立歴史館
JR常磐線
山翠
京成百貨
Hotel いづみ屋
←往 Restraunt iijima
水戸第一Hotel
旧弘道館
MIMO
偕樂園
常磐神社
義烈館
好文亭
護国神社
京成Hotel
偕楽園駅
水戸SILVER INN
三の丸Hotel
徳川ミュージアム
丸井百貨
Hotel Mets Mito
EXCEL
好文茶屋
水戸駅
好文café
千波湖
Hotel Lake View
COMBOX310
APA Hotel
水戸Riverside Hotel
SMILE HOTEL
EXCEL MINAMI
千波公園
茨城縣近代美術館
もんどころ
President Hotel
酒趣
HOTEL TERRACE the GARDEN
往別春館(名利酒類)↓

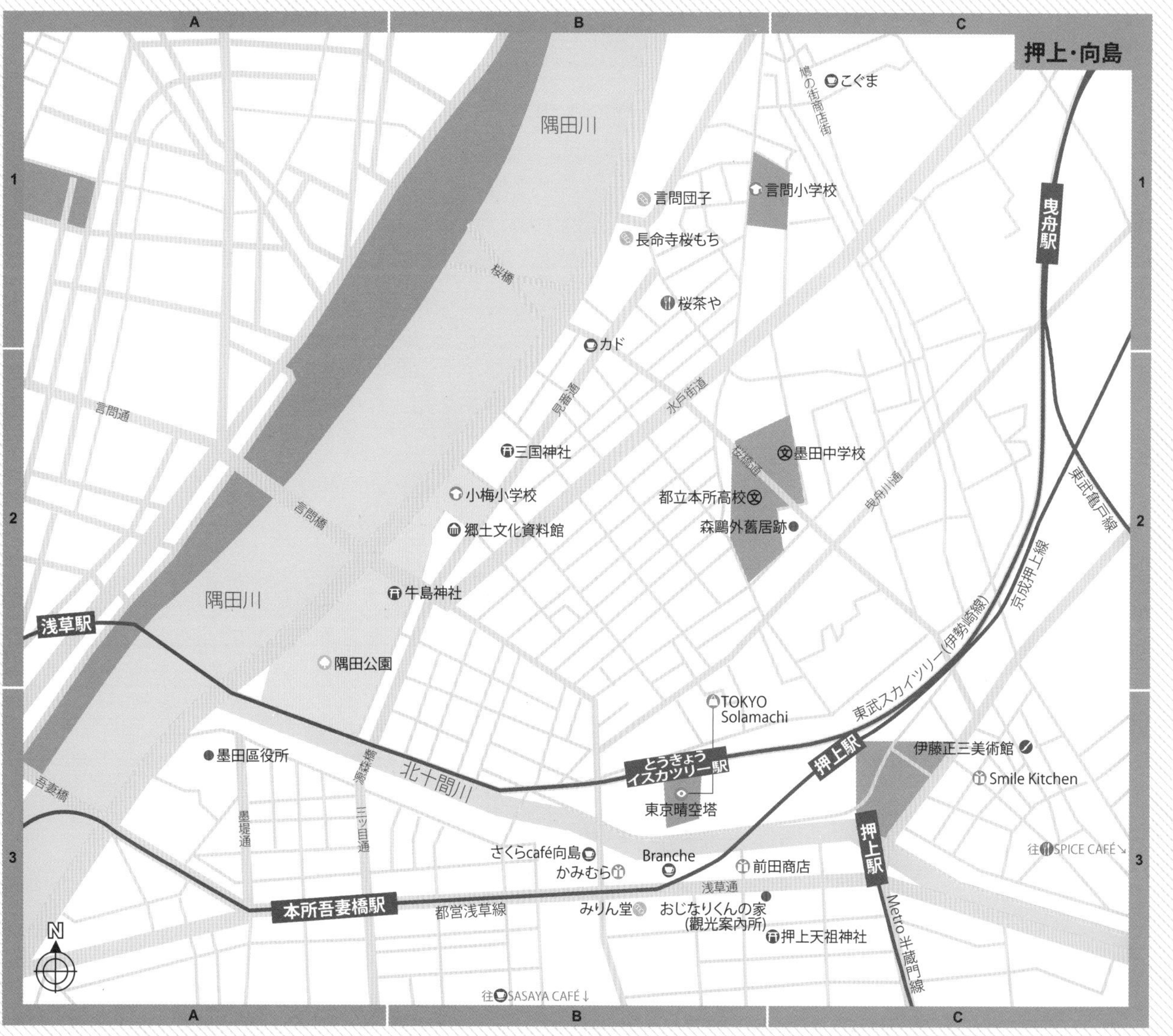
押上・向島
こぐま
鳩の街商店街
隅田川
言問団子
言問小学校
長命寺桜もち
曳舟駅
桜橋
桜茶や
カド
見番通
水戸街道
言問通
三囲神社
桜橋通
墨田中学校
東武亀戸線
曳舟川通
小梅小学校
都立本所高校
言問橋
郷土文化資料館
森鷗外舊居跡
京成押上線
牛島神社
隅田川
東武スカイツリー(伊勢崎線)
浅草駅
隅田公園
TOKYO Solamachi
押上駅
伊藤正三美術館
墨田區役所
源森橋
北十間川
とうきょうスカイツリー駅
Smile Kitchen
東京晴空塔
吾妻橋
墨堤通
三ツ目通
押上駅
さくらcafé向島
Branche
前田商店
往SPICE CAFÉ↘
かみむら
浅草通
本所吾妻橋駅
都営浅草線
みりん堂
おじなりくんの家(觀光案內所)
押上天祖神社
Metro 半蔵門線
N
往SASAYA CAFÉ↓

東京出發！星野集團宿泊巡遊

日式旅館的創新形式

星野集團旗下飯店，以高端奢華的「虹夕諾雅」、溫泉旅館「界」、家庭度假RISONARE與城市觀光「OMO」等品牌，創造日式旅館的當代創新形式。雖然各自有不同概念，但皆保留日本傳統元素、季節感、隱逸居所，向世界展示日本人引以為傲的和式待客之道。

「虹夕諾雅東京」

虹夕諾雅東京的建築外觀有如一只雕飾華美的重箱，建築設計師東利惠，以「市中山居」為概念，在玻璃窗外覆上江戶小紋「麻葉」，遠看不分明，走近才見得浮現在建築之上的雕鏤紋樣，這是承襲自江戶時代的美學。入住館內最寬敞的客室「菊」，位於樓層最安靜的邊間，室內陳設以自然素材製的家具、色調沉靜的大理石磚，拉開手工和紙裱糊的障子，帷幕牆往室內篩落一窗一地美麗細碎的光影，入夜後，點亮一盞如豆夜燈，四方空間隱於暗影之中，備覺幽靜。

旅宿頂層17樓是天然溫泉浴場，使用由地下1500公尺抽出的強鹽泉「大手町溫泉」微黃色澤浸透身心，置身挑高的塔形露天風呂，白日看藍天雲彩流動，夜間則以靜謐的東京夜空為伴，水氣蒸騰中城市喧囂隱隱隨風自上方天井傳入卻聽不分明，在都心泡露天溫泉的體驗十分新奇。

虹夕諾雅東京的料理長以自成一格的料理哲學揮灑多彩旬味，以味蕾感受日本人的禪思、表現獨有的細膩感性。除了夕食之外，全套式朝食以檜木食盒盛裝，和朝食是烤魚佐釜炊飯，洋朝食則是歐姆蛋佐麵包，搭佐綠沙拉、小缽、甜點和飲品。色彩豐富的健康美味，為旅人烹製了歡樂的朝食時光。

虹夕諾雅東京最暖人心扉的待客之道「お茶の間ラウンジ（茶之間 Lounge）」，坐落在每一階客室樓層的中心，像家中客廳般，是當樓層房客的交誼休憩的場所，並依季節和一日時程，由工作人員提供親切服務。入住後的下午茶時間，奉上熱茶和迎賓菓子待客，茶葉選自日本各地的優質茶園，溫暖茶香紓緩了旅途疲憊。夕食前後的小酌時間，可至大廳品酩日本各地佳釀。深夜可在這裡自行取用冰菓和麴酒。晨間供應飯糰、味噌湯的簡單朝食；日間則提供手沖咖啡。在お茶の間ラウンジ或讀報喝咖啡，或與人談笑，溫暖人情才是入住虹夕諾雅東京的最迷人之處。

INFO

how to go 地下鐵大手町駅A1、C1出口步行約1分

add 東京都千代田區大手町1-9-1

web hoshinoya.com/tokyo/

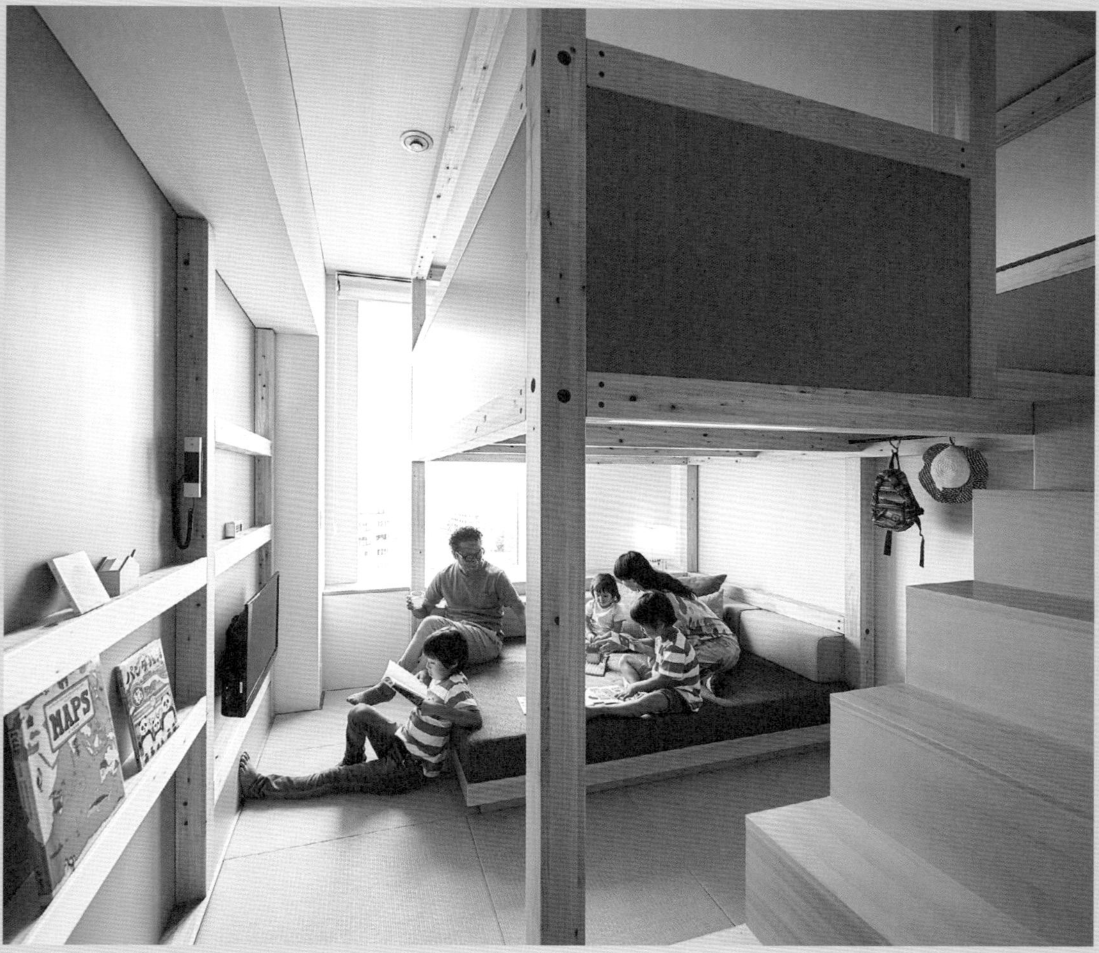

星野集團OMO5 東京大塚

不同於奢華典雅的虹夕諾雅東京，針對年青族群、青壯家庭所設計的OMO系列，提供的不只是「住宿」，更是在「旅行」的宿泊體驗。座落在山手線大塚車站旁的OMO5東京大塚，取的不只是便捷的交通，還有懷舊的都電荒川線駛過的慢時光，與位在大塚車站南口的老商店街的濃濃人情味；這彷若停滯不前的生活況味最是讓人著迷，也正是OMO系列想要提倡的「城市型」旅宿體驗。

OMO5請來設計師佐佐木達郎，以「日本城櫓」為發想，大量運用檜木材質，有點奇妙的格局卻處處融入日本「家」的感覺，挑高的空間如同隔樓般的睡室、藏在樓梯底下的收納空間、貼著大塊磁磚的和室風呂，多了些寬裕感。約6坪的小空間裡設下提升住宿舒適度

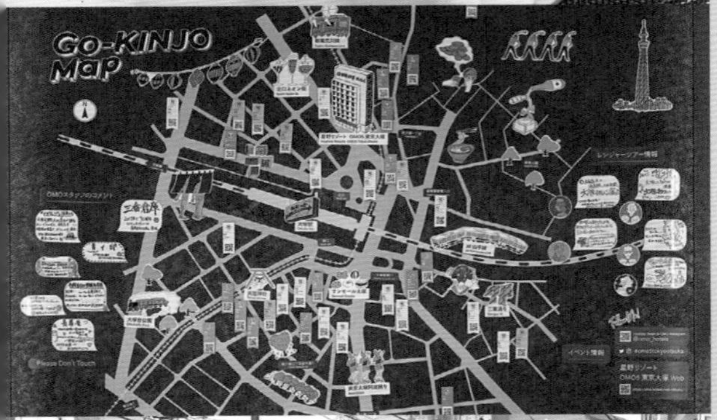

的小小巧思，處處是風雅。OMO系列除了硬體，更著重在旅人與地方的連結。一進到大廳，大大的鄰近地圖正吸引旅人的好奇心，而為了提倡大塚都市觀光，設立了「OMO戰隊」，由工作人員擔任。OMO戰隊以「GO-KINJO（KINJO為日文的鄰居）」為主題，依時段設計多種導覽行程，帶領旅人由不同角度感受大塚魅力，最推薦旅人在傍晚參加小酌行程，2個小時內由在地人帶領，穿過暖簾與在地人並肩喝一杯，活絡的夜晚氣氛正高昂。

而大廳附設的OMO SPACE，包含咖啡廳、自由空間，作為旅人交流的空間，開放給一般民眾使用。早餐可以選購美味的法式派餡餅Volauvent，鹹甜口味多元，雖然簡單但也精緻美味，一早便從味蕾開始旅行。而這裡也精選了東京都內與OMO理想相合的品牌商品，結合都市旅行的特有形態，為旅程中帶來不同的體驗。如果想要帶些伴手禮，與仙貝兄弟(Senbei Brothers)聯名的仙貝充滿大人口味，配啤酒最是合味。

INFO
how to go JR大塚駅北口步行約3分
add 東京都豊島區北大塚2-26-1
web omo-hotels.com/otsuka/

「東京近郊小旅行」

虹夕諾雅 富士

♡

虹夕諾雅富士承襲了親近土地的宗旨，將建築物完全融合於河口湖旁邊的這片松葉林台地中。飯店以「野營」為基本概念的設計，房間都有大片的區域是暴露於自然中的，甚至在陽台上還附有小小的篝火槽。飯店提供眾多戶外活動，像是探訪針葉林、燻製課程、富士山麓看星星等。

add 山梨縣南都留郡富士河口湖町大石1408

web hoshinoyafuji.com

星野集團 界 鬼怒川

♡

鬼怒川溫泉具有治療皮膚病、美肌的功能，前來洗浴一身疲憊最是舒暢。界鬼怒川所在地位在鬼怒川畔的小高台，在大自然與日本傳統工藝中找尋平衡點，界鬼怒川在設施各處大量地使用當地的益子燒、黑羽藍染、鹿沼組子等工藝，帶領人們在四季中體驗鬼怒川的宿泊真諦。

add 栃木縣日光市鬼怒川温泉滝308

web kai-kinugawa.jp

虹夕諾雅 輕井澤

♡

輕井澤是星野集團的原點，房間依其所在位置分為三種型態；不論是依著川流而建的「水波部屋」、被樹林籠罩的「山路地部屋」與擁有私人庭院的「庭路地部屋」，處在新鮮的高原空氣中，有水、有山，有遺世獨立的寂靜，這一刻才真正令人領略了虹夕諾雅的宿泊醍醐味。

add 長野縣軽井沢町星野

web hoshinoyakaruizawa.com

星野集團 RISONARE 山梨八岳

♡

RISONARE系列飯店是星野集團針對家族渡假所設計的時尚方案，位在山梨縣的RISONARE山梨八岳，坐擁一片山林美景，除了葡萄酒、優雅SPA之外，在名建築師設計的意大利風格建築中，品嚐美味義大利料理，甚至可至小淵沢町體驗森林騎馬，大人小孩都能留下難忘回憶。

add 山梨縣北杜市小淵沢町129-1

web risonare.com/yatsugatake/

星野集團 界 日光

♡

中禪寺湖畔的界日光以「日光下駄」貫穿服務精神，佔地三千坪卻只有33間客室，幾近奢華地運用空間，以「鹿沼組子」為主題，將傳統工藝與現代摩登的設計十分雅緻。住客不但能透過活動來接觸當地的傳統音樂、藝能、工藝等，更透過食文化來感受日光輝煌的400年歷史。

add 栃木縣日光市中宮祠2482

web kai-nikko.jp

星野集團 RISONARE 那須

♡

2019年才新開幕的RISONARE 那須，置身一片綠意高原之中，特意設置野菜園、香草農原等，讓人體驗高原氣候種植下的甘美滋味，感受土壤與空氣所交織的新鮮氛圍，而以食材原味為訴求的義大利料理更是這裡的亮點。每間客室窗外景色各異，入住綠意中感到前所未有的放鬆。

add 栃木縣那須郡那須町高久乙道下2301

web risonare.com/nasu/

THEME 55

作者墨刻編輯部
攝影墨刻攝影組
編輯周麗淑・陳楷琪
美術設計羅婕云
地圖繪製墨刻編輯部

出版公司
墨刻出版股份有限公司
地址：台北市104民生東路二段141號9樓
電話：886-2-2500-7008／傳真：886-2-2500-7796
E-mail：mook_service@hmg.com.tw
發行公司
英屬蓋曼群島商家庭傳媒股份有限公司城邦分公司
城邦讀書花園：www.cite.com.tw
劃撥：19863813／戶名：書虫股份有限公司
香港發行城邦（香港）出版集團有限公司
地址：香港九龍九龍城土瓜灣道86號順聯工業大廈6樓A室
電話：852-2508-6231／傳真：852-2578-9337
城邦（馬新）出版集團 Cite (M) Sdn Bhd
地址：41, Jalan Radin Anum, Bandar Baru Sri Petaling, 57000 Kuala Lumpur, Malaysia.
電話：(603)90563833 ／傳真：(603)90576622 ／
E-mail：services@cite.my

製版・印刷
凱林彩印股份有限公司
ISBN978-986-289-952-6・978-986-289-950-2（EPUB）
城邦書號KX0055 **初版**2023年12月
定價380元
MOOK官網www.mook.com.tw
Facebook粉絲團
MOOK墨刻出版 www.facebook.com/travelmook

執行長何飛鵬
PCH集團生活旅遊事業總經理暨墨刻出版社長李淑霞

總編輯汪雨菁
資深主編呂宛霖
採訪編輯趙思語・唐德容・陳楷琪・王藝霏・林昱霖
資深美術設計主任羅婕云
資深美術設計李英娟
影音企劃執行邱茗晨

資深業務經理詹顏嘉
業務經理劉玫玟
業務專員程麒
行銷企畫經理呂妙君
行銷企畫專員許立心
業務行政專員呂瑜珊

印務部經理王竟為

國家圖書館出版品預行編目(CIP)資料

一張PASS玩遍大東京/墨刻編輯部作. -- 初版. -- 臺北市：墨刻出版股份有限公司出版：英屬蓋曼群島商家庭傳媒股份有限公司城邦分公司發行, 2023.12
160面；16.8×23公分. -- (Theme；55)
ISBN 978-986-289-952-6(平裝)

1.CST: 旅遊 2.CST: 日本東京都

731.72609 112019306